故事是
的事件
有些後
些原因
因果連
停在兩
沒有主
心裡，
故事，不
找出意義
的連結，
好的故事
性。當
來，轉
最有吸
轉過去，
結尾呈
甚至決
想要在
觸、有
受並思
的。書
就是故事
場景不一
景物，
該是「有
說出口的
話，把故
滿。
加入一點
加分，因

因為所以有故事

解構 創作 思維

謝文賢——文

——推薦序——

最會說故事的「貓老師」

李崇建／教育工作者

謝文賢老師暱稱貓印子，學生都稱呼他「貓老師」。

我認識文賢近二十年，他為人謙沖溫和，是有名的好好先生。他的創作則非常細膩，善於觀察現象世界，不僅精彩且多元，獲得多項大獎。他的作品收錄於國小教科書，孩子們一見作者本尊出現，常常以歡呼向他致敬，更著迷於他說的故事。

我與文賢是文學夥伴，年輕時互相砥礪寫作；如今是教育夥伴，彼此分享教學、閱讀與說故事。

我常常覺得他「太有料了」，他分析一篇文章，說起一段故事，我佩服得五體投地，覺得此等溫和的暖男，怎麼有那麼多寶藏？上過他課的孩子，聽他講解課程的老師，都表示受用無窮，且終生印象深刻。

他的身分是小說家、寫作老師、閱讀老師、文學評論者，更是說故事的人。

《因為所以有故事》，我拿到之後即精讀，竟至於愛不釋手，書中每一篇文章都發人省思、精彩又好閱讀，更是說得太在理。他將故事的面貌，開頭的方式，敘述的線條，對話怎麼說？人物的刻畫，故事如何橫生？場景的寓意，故事如何催淚？設謎解謎該如何？結尾的幾種表現……，看得我欲罷不能。

將一個故事拆解，明明是老的段子，無數人寫過講過，但是謝文賢寫來就不一樣，帶著幽默與技巧，卻一點兒都不賣弄，脈絡清晰且易懂，讓人有醍醐灌頂之感，立時就想要講一個故事、重新翻看他舉例的故事，或者想動筆寫一篇小說。因為在他講解的筆下，尋常敘述變得處處機關，線條立刻變得驚心動魄，我閱讀之間豁然開朗，感覺自己的能力也提升不少。

《因為所以有故事》跨越了一般的故事課，裡頭的元素包含如何講一個動人、精彩的故事，也跨越了一般的閱讀課，以多元的眼光看待一篇文章，更超出一篇文本分析，那是謝文賢選擇的視野，既宏觀且微觀的穿梭自如，也是因為他的專業與斜槓角色，我以為他這本書是個「連結」，連結了各方面的元素，準確的呈現了他素養的豐富。

這本書很適合說故事者、有心寫作者、寫作文的學生、帶領閱讀者，我十分推薦這一本好書。

—推薦序—

一本教你「找到答案」的故事書

許榮哲／華語首席故事教練

打開這本書時，我哀聲連連，「唉呀！被這傢伙寫走了，完了被寫完了」，這本書透露了故事的所有創作祕訣。

舉其中我最喜歡的一個章節〈轉彎之後的風景〉為例。

我寫過一本書《故事課：三分鐘說18萬個故事》，書裡提到一種說故事的公式「靶心人」如下：

1目標↓2阻礙↓3努力↓4結果↓5意外↓6轉彎↓7結局

非常巧，《因為所以有故事》書裡，我最喜歡的章節正好是「靶心人」公式裡最重要的步驟「轉彎」，以書裡提到的故事《熊之火》為例：

我習慣把我喜歡的故事說給孩子們聽，故事梗概如下：

迷路的主角小森，意外遇見一隻叨著菸，會說話的老熊。老熊說，他來自神祕國度，從那裡來到人間的媒介是火，也就是此時此刻他嘴裡的菸，意思就是只要菸一抽完，他就會消失不見。

隨後，小森跟著老熊進入神祕國度，因緣際會娶了老熊的女兒，生了一堆熊孩子。

時間一久，小森開始想念起人間的一切，最後告別熊家人，回到人間。

如果故事到此結束，不過是個類似「蒲島太郎」、「南柯一夢」之類的幻夢故事，有意思，但也僅止於此，然而此時故事最精彩的地方，也就是靶心人的「意外↓轉彎」處，才正要展開。

有一天，敲門聲響起，門一打開，居然是思念丈夫的熊太太。

我把故事停在這兒，孩子們激動極了，「快說、快說，熊太太是怎麼來的？」

我說，還記得嗎？從神祕國度來到人間的媒介是火。所以，你們猜。

隨後，孩子們一股腦的丟出各種火：愛火？怒火？慾火？妒火？

等等，我不要知識，我要你們的想像力，給我畫面、畫面、畫面。

第一個孩子說，像熊老爹一樣，叼著菸來的。

太無趣了，給大家一個提示，此時熊太太指著她身後的山。

第二個孩子說：飛來飛去的火，熊太太身後是滿山的螢火蟲。

好答案，我喜歡，但還有嗎？

第三個孩子說，眼淚之火，每隻小熊都拿著小小的火把，像滿山遍野的熊眼淚，他們來找爸爸了。

好棒的答案，我超喜歡，但還有嗎？

孩子們又陸陸續續講了幾個答案，最後我說，答案就在——謝文賢那裡。

你可以在安房直子《熊之火》這本書裡找到標準答案，但你可以在《因為所以有故事》這本書裡，找到自己的答案。

這是一本教你「找到答案」的故事書，最好的答案永遠是——你自己的答案。

—自序—

故事是怎麼開始的呢？

二〇一五年快要進入夏天的時候，我在新社高中擔任社團老師，指導幾個國中生與高中生寫作，每週一次，每次兩小時，工作時間不長，就是路途稍遠一些，上一趟課，一天就耗去大半了，幸好新社山區景緻優美，每次上課就像一次小旅行，挺好。

那是個即將進入夏天的上午，天氣已經有點要熱起來的感覺，不過還算舒爽。我站在教室窗前，看著窗外的樹，那棵樹的姿態不是很好看，但葉子長得很茂密，而且濃綠，濃綠的葉子隨著帶點溼氣的風，輕微的擺動，像是要告訴我些什麼。

這時，口袋中的電話震動，我接起來，是《中學生報》的主編張至寧女士，我當時還不認識她，是陌生來電。張主編邀請我為報紙寫文章，題材是與故事寫作指導有關，她希望我構思為一個系列文章，一個月刊登一回，也就是一份專欄。我看著窗外的樹，樹的姿態雖然彆扭，但樹根長得挺好，定定的抓進土裡，和地球拔河。枝尾的樹葉依然搖晃，像在跳舞，又像在笑，我知道它們剛剛想要告訴我什麼了。

那樹站的地方像一個中庭，旁邊是連結兩棟建築物的二樓廊道，有三兩個學生走過，快中午了，風已經有點熱。

教室裡書寫中的學生問了一個問題，我把眼神從窗外收回，轉過頭看他，並向電話裡的張主編致歉，匆匆掛了電話。

我答應了。

這專欄一寫，就寫了好幾年。一開始集中在寫作概念與技巧的引導，慢慢的開始漫伸出去，使用的媒材越來越廣泛，不只文學文本，電影、廣告、動漫、歌詞也用，除了講故事創作的概念，也帶點閱讀技巧、生活體會等等，當然，都是我自以為的。

到二〇一九年下半，專欄寫了也四年有餘，累積了四十來篇，我覺得差不多夠了，向張主編辭了專欄，把稿件稍作整理，投給了幼獅文化出版社，林碧琪總編看了有興趣，我們便著手洽談出版事宜。

成了如今你手上這本書。

這是書的故事。

人的故事是怎麼開始的呢？

那是小學的時候。

每到暑假，我要被送往花蓮外婆家，讓尚且貧窮而忙碌的父親和母親可以專心工作賺錢。外婆家是偏遠的鄉下，最熱鬧的街上也只有一間雜貨店，最現代化的建築物是一間教會。那時，塑膠袋還很少見，溪裡的魚還能吃，小孩還喜歡爬樹，家裡裝冷氣的都是有錢人，馬路上還看得見牛，人車見了牠都得讓。

手機？沒聽過。

外公非常嚴肅，與小孩不親近，真正在照顧我的，是外婆，而每當外婆農忙，照顧我的責任就要落在二阿姨頭上。二阿姨在農會上班，農會旁邊有一棟不起眼的建築物，那是鄉立圖書館。圖書館是棟老房子，比起農會的新穎寬敞，簡直就像發育不良的小孩，而且裡頭藏書少得可憐，恐怕比我現在家裡的書還少。圖書館只有一位女職員管理，是二阿姨的同學，她什麼時候上廁所、吃飯、回家午睡或心情不好，圖書館就什麼時候沒開。

反正那時候看書的人少，有時一整天也沒半個人上門。

上班的時候，二阿姨會把我載到圖書館，託給那位同學阿姨照看，一早上我就待在圖書館裡看書，中午二阿姨帶飯來給我吃，或者同學阿姨帶我去吃，下午我再回來，接著看書。圖書館的閱覽區只有兩三個書櫃，書況很差，發霉的破損的都有，空氣裡瀰漫著一股潮味，而且室內照明不良，似乎沒想讓人讀書。

但我還是可以一個人安安靜靜的在那裡頭待上好幾個小時，那同學阿姨時不時的還要走進來探望一下，她大概以為我會死在裡面。

那時，我都在那陰暗的書櫃之間讀了些什麼書，我現在幾乎都忘了，但那種深深的被故事書吸引的感覺，我一直就帶著了。

我想，那應該就是我的「故事」開始的時候。

那麼久遠的、寒傖的一間偏鄉圖書館，不會知道它自己帶給了我什麼？它只是靜靜的提供故事給我。

如今，我成了寫故事的人，也成了教人寫故事的人，我以一路走來的所學所感，寫成了這本書，我不知道它可以帶給你什麼。

我希望是故事，而且是個好故事。

現在，你可以開始了。

目錄

故事的三要角

情節設計要素 112

解構故事密碼 174

各界好評推薦 224

剖析故事的內在

故事的模樣I

有人不喜歡聽故事？

故事是一連串有來龍去脈，因果關係的事件組合。

也許你不喜歡聽故事。

當然，這只是我的假設，我不太相信這世界上會有人不喜歡聽故事。

想一想，當你在打電動、看電影、聊八卦、聽政治名嘴或百貨公司裡專櫃小姐講的任何一句話，甚至，在玩具店裡決定買下一隻復仇者聯盟限量版模型玩具時，你的眼睛看的，耳朵聽的，腦海裡浮現的，其實都是故事。

故事無處不在，只要有人的地方，就有故事。事實上，就算是沒人的地方，故事也不斷發生。

差別只在於，有些故事好聽，你不僅願意買單，還會自動推銷給親朋好友；而有些故事則無聊得讓你想打瞌睡，甚至讓你誤以為自己不喜歡聽故事。

好，現在你稍微有點興趣，想知道所謂「好聽的故事」是怎麼一回事。不過那樣一下子跳得有點遠，讓我們先來看看「故事的模樣」吧。

故事，顧名思義就是已發生的、過往的、陳舊的事件，也就是以前的事。還記得那個全世界最有名的故事開頭嗎？沒錯，就是「很久很久以前」。

在很久很久以前，我們聽到的故事總是發生在很久很久以前，那時候總會有個國王，娶了一個美麗的皇后，生下一個可愛的公主，公主也許會不小心碰到紡錘的尖端而睡著、也許會吃了陌生人的毒蘋果而昏倒、也許會被囚禁在有噴火龍鎮守的高塔上，最近的公主則是因為一身詭異的冰雪魔法而離家出走。

接著，一定要有個英俊瀟灑的王子或綠色妖怪（我想你知道是誰），不遠千里迢迢而來，披荊斬棘；懲奸除惡，親吻了公主（好吧，艾莎公主例外），還順便救了王國。

然後呢？

然後，那個世界上最有名的故事結尾要出現了：「王子與公主從此以後過著幸福快樂的日子。」

上面的例子當然是我隨便拼湊的，但我們熟知的「故事」原型，大概就是這副模樣，很久以前從此以後，我們聽都聽膩了。

不過，如果我們不要嫌棄當年的故事幼稚，許多年後再稍微用心觀察就會發現，「很久以前」和「從此以後」雖然分別處於故事的開頭與結尾兩端，永遠不可能見面，但中間卻有一個神奇而幽微的連結，讓它們也永遠不會分開。

發現了嗎？

是的，就是時間。

很久以前和從此以後，其實就是一個時間序的概念。所有的事件都是從很久很久以前開始的，中間不管發生了什麼，造成的是悲劇還是喜劇，時間總是會不停的走，直到現在。而從此以後，也就是從現在以後，事件中的主角們就過著幸福快樂的日子，到底會有多幸福快樂呢？因為現在以後的事情還沒發生，說故事的人當然也說不清楚，只能預測性的告訴你，總之是很幸福快樂就對了。

故事看門道

現在整理一下，所謂的故事就是一些從很久很久以前開始，一直發生到現在的事件。

那麼，我們來看這個：「有一隻蝸牛，牠在我的桌子上爬，從很久很久以前就開始爬。窗外下著雨，氣候卻非常悶熱，廚房傳來番茄炒蛋的香味。蝸牛爬過了檯燈、爬過了幾本書、爬過了手機，一直到現在牠還在爬。」

這樣算故事嗎？

也許有人會說是，因為他在裡頭感受到了一種人生的況味。但我們不要像大人那麼悲觀，還是先來認識一下最基本的故事概念就好了。

每個故事一定有開頭與結尾，從很久以前到從此以後，雖然有些超級長壽的故事在我們有生之年可能都不會完結，但總有一天它會結束的。現在，我要邀請你在腦海裡隨便呼喚一個聽過的故事，好的爛的都無妨，在這個故事的開頭與結尾之間，必定發生了一些事情，最終交織成了這個故事。

那麼，讓我們不要很用力的思考一下，是什麼原因讓這「一些事情」出現在這個故事裡，卻不是另外的「一些事情」呢？

你想的沒錯，因為它們有關係。

故事就是一連串有來龍去脈，因果關係的事件組合，故事裡的「一些事情」都必須要有點關連，否則就不會一起在這個故事裡出現，也就不可能共同組織成一個故事。這是故事之所以會被稱為「一個故事」，而不只是「一些事情」最主要的原因。

所以，上面那段文字算是故事嗎？

那就要看你是大人還是小孩了。

故事的模樣 II

因為所以有故事

有些後果成了原因，有些原因是後果造成的，因果連結，推動著故事不停往前走……

故事是依循著時間先後順序而發生的一些事情，這些事情不管虛實，或多或少都互有關連，才能共同組合出一個完整的故事。

這裡的「關連」，說的就是因果關係，用地球人的話講，就是「因為」和「所以」。

事件依時間發生，我們可以粗略這樣理解：在時間序裡頭，先發者為因，後發者為果，因會牽動果，果發自於因，兩者是一個連動裝置，因啟動了，果就必然發生。

聽起來，「因」的作用或責任大於「果」。

這個我們最會了，每當有吵架或打架事件發生時，當老師來質問，我們肯定第一時間脫口而出：「是他先動手的！」理直氣壯，義憤填膺，有時還掉幾滴淚增加說服力。無論如何要把事情發生的「原因」，歸咎到他人身上，以證明我們出手只是對方引起的「後果」，不關我們的事，都是對方的錯！

是這樣嗎？

我們都知道，事出必有因，因為這樣所以那樣，故事也就這麼瓜熟蒂落，圓滿完成，輕輕鬆鬆第一次說故事就上手。

但這樣的因果關係簡單又薄弱，大概只能騙騙三歲小孩，常常還騙不到。

在真實世界裡，就算是對方先動手的，有時我們依然會受到嚴厲的懲罰。

遇到一個是非不明的爛老師，恐怕是最大的原因。另外還有一種狀況會是，雖然對方先打你，但「因為」你沒有向老師報告，而是選擇了打回去，「所以」你也要接受相等的處罰。

很氣人對吧。

但現實就是如此，事實上，在故事裡也是這樣，並不是有了原因，發生了後果，故事就結束了，很多時候，這個果會是下一件事情的因，這樣的因也許導致出不可預期的果，而那個果又繼續造成了其他影響，如此循環，因為所以蟑螂螞蟻。

記得嗎？我前面說到因果關係是一個連動裝置，每一個果都是下一個動作的因。「因為所以」的關係不會只是一條無止盡的單行道，有時可能是圓環，有時會是雙向道，有時有岔路，有時可能還會遇到警察臨檢，變化層出不窮，讓人無法捉摸，直到故事結束。

義大利作家卡洛．柯洛迪的代表作《木偶奇遇記》非常經典，有許多讓小朋友看熱鬧；大人看門道的元素在裡頭，近幾年因為《復仇者聯盟2》上映的關係，重新得到關注。我們來看看故事是怎麼說的。

木匠傑佩托年老無子，「因為」寂寞的關係，「所以」用松木做了一個懸絲木偶，取名為「皮諾丘」，內心期望皮諾丘可以變成一個真正的男孩。「因為」老木匠待人和氣，做了許多善事，「所以」仙女翩翩飛來，把皮諾丘變成一個有生命的木偶。

「因為」想要讓皮諾丘更加認識這個世界，「所以」老木匠讓皮諾丘去上學。但是「因為」皮諾丘太愛玩，受不了誘惑，「所以」中途逃學去馬戲團看表演，還被狐狸欺負，綁在樹上。而當仙女出現拯救他時，皮諾丘「因為」害怕丟臉和懲罰而說了謊，「所以」鼻子不斷變長。

雖然皮諾丘下定決心要當一個好小孩，但是「因為」狂野調皮的本性，很快又跟著同伴跑到歡樂國度去玩，「所以」被變成驢子，掉進大海裡，讓鯨魚一口吞了。而老木匠「因為」深愛兒子皮諾丘，「所以」奮不顧身划船到海上尋找，也被大鯨魚吞到肚子裡去了，此舉讓皮諾丘大受感動。而「因為」皮諾丘平常就古靈精怪，「所以」很快就想出辦法，救了自己和木匠爸爸。

最後「因為」皮諾丘展現出誠實、勇敢又善良的人類特質，「所以」仙女再度出現，把他變成了一個真正的男孩子。

看到了吧，這就是因果關係，有些後果成了原因，有些原因是後果造成的，因果連結，推動著故事不停往前走，還緊緊抓著讀者的目光，從很久以前一直到從此以後。

所以，說故事難嗎？

書寫練習室

下面是我為你構想的故事開頭，也就是一個起因，你來試試看可以把讀者們帶到什麼樣的結果裡去吧。

「一個缺錢的人到處週轉卻找不到錢，沒想到在暗夜中竟然看見地上有一只造型特別的金戒指，主角欣喜若狂，但仔細一看，戒指上緊緊綁著一條線，那條線延伸到路旁黑暗深邃的草叢裡去，主角沒猶豫太久便伸手去撿，扯動了戒指上的線……」

練習：戒指上的線，連結著什麼？又會導致什麼樣的事情發生？

記得，在故事最後結尾前，都別讓「因為所以」停下來。

故事的主題Ⅰ

從前有座山

沒有主題的故事進不到讀者心裡，
無法進到讀者心裡的故事，不會被他們記憶。

我有兩個孩子，晚上陪他們睡覺時，他們都要我講故事，通常我會隨手拿一本書來念，有時候書上的故事聽膩了，他們就要我編一個故事給他們聽，也許是我編得還不錯，他們越來越喜歡聽我編的故事。

那天，工作得太累了，腦袋記憶體不足，挖不出故事來，便講了一個永遠說不完的故事來呼嚨他們。注意聽哦！

很久很久以前，在一個神祕的地方，有一座比雲還高的山，山裡最隱密的地方有個山洞，山洞裡有一間小小的廟，破破爛爛但還算乾淨，廟裡面住著兩個和尚，一個大和尚一個小和尚。一天下午，誦經結束後閒著沒事做，小和尚便要大和尚說個故事給他聽，大和尚拗不過，就說了：「從前有座山，山裡有個洞，洞裡頭有一座廟，廟裡住著兩個和尚，一個大和尚一個小和尚……」

我講到這裡，黑夜裡兩個小和尚，哦不，兩個小孩就踢棉被抗議了，說這根本不是故事嘛！

我想不用我的孩子抗議，正在讀著文章的你們大概也要受不了，跳出來告訴我，故事不是這樣說的。這是坊間流傳的「說不完的故事」，專門用來整愛聽故事的小孩，沒有人知道結尾，因為故事永遠說不完。

但我當然不是要整人，讓我們接著看下面這個故事：

得了阿茲海默症的老人養了條狗，每禮拜帶他去妻子墳前獻花。

那天，他出門獻花猝死，鬼魂在路邊痴呆，狗去墓園求救。

一個女人走來，扶起鬼魂離開。鬼魂有了記憶，羞愧起來，他面貌蒼老，而妻子青春長駐，如四十年前車禍死時。

他想離開。

「我是她過世時，肚中的胚胎。爸爸。」女人指向墓園，有個老婦人微笑如昨，以及那條狗。

這是小說作家甘耀明的作品，雖然故事內容寫的都是鬼，但其實說的是人，短短篇幅就有許多情境，啟發我們許多想像，你應該很想知道老人和妻子後續過著什麼樣的「鬼」生活吧！

這則小說非常的短，只有一百五十個字，跟前面那篇故事的字數差不了多少，但為什麼前面那篇我們聽不下去，而這篇卻讓我們覺得意猶未盡？

我猜你會說，甘耀明這篇故事精彩多了，前面那篇只是不斷的重複，無聊死了！

沒錯，第一篇故事的情節呆板重複，沒有轉折、不夠刺激、沒有重點，這些都對，但其實最主要的問題是，我們在故事裡讀不到「主題」。

看看甘耀明的小說，想一想，你認為小說內容想要表達什麼？或者，你在小說中讀到了什麼？

再回頭看看我掰的那篇〈說不完〉的故事。

感覺到了嗎？在〈說不完〉那篇故事裡，你找不到重心，除了營造出不斷重複這種鬼打牆的小趣味以外，故事情節完全沒有表達出主題，整篇故事輕飄飄的令人抓不著邊際，呈現出一種沒有結尾的狀態。

從小到大我想你也聽過不少故事，仔細回想，為什麼有些故事會讓你覺得沒有結尾呢？因為它想要講或者應該要講的主題還沒有講出來，故事就被迫停止了。疑惑未解、壯志未酬、大仇未報、此情未了……或者，更深奧一點，故事該丟出來的問題還沒丟出來，該啟發的思考還沒醞釀足夠，總而言之，我們還沒讀到故事的核心。

故事看門道

就像這篇〈說不完〉的故事，在故事真正想要講的重點出現之前就被切斷，回到原點重開機，變成不斷輪迴的惡夢，而且是一個沒有主題的惡夢，我們人類受不了這樣的事情，聽久了會發瘋的。

知道了吧，所有好聽好讀，稱得上故事的作品，都一定要有一個主題，沒有主題的故事根本進不到讀者的心裡去，而無法進到讀者心裡的故事，不會被他們記憶，當然，也不會再被他們講出來，這個故事就等於是死了。

這裡要稍微注意的是，主題並不等於故事的題目，題目是故事的一部分，而主題涵蓋的卻是故事全部，這其中是有些差異的。

現在我們知道故事都要有主題，但是，我們要怎麼知道每則故事的主題？又要怎麼把主題放到我們的故事裡呢？先想想，你知道「意義」是什麼嗎？

故事的主題II

意義是什麼？

找出意義，好好掌握，讓它們產生有因果關係的連結，等到情節組合完成，故事自然就有主題。

「意義」，《教育部重編國語辭典修訂本》的解釋是這樣的：「意旨、理趣。《三國志．卷二八．魏書．王淩傳》：『旌先賢之後，求未賢之士，各有教條，意義甚美。』」

所有的故事都該有主題，沒有主題的故事根本就不像故事，但主題是什麼呢？回頭看看甘耀明的一百五十字小說：

得了阿茲海默症的老人養了條狗，每禮拜帶他去妻子墳前獻花。

那天，他出門獻花猝死，鬼魂在路邊痴呆，狗去墓園求救。

一個女人走來，扶起鬼魂離開。鬼魂有了記憶，羞愧起來，他面貌蒼老，而妻子青春長駐，如四十年前車禍死時。

他想離開。

「我是她過世時，肚中的胚胎。爸爸。」女人指向墓園，有個老婦人微笑如昨，以及那條狗。

我們來試著把故事拆開。

先為這則小說分類，看看它是什麼類型的故事。比如說，它是愛情故事、科幻故事、偵探故事還是鬼故事？這應該很簡單，大部分的小說我們一眼就能看出是什麼類型的故事。

我想，把它當作鬼故事有點太誇張了，它一點也不恐怖，我們也別太傷腦筋，就暫時先定位在愛情故事好了。（也許你會有其他的選擇，那就太好了，表示你有自己的見解）

好，如果是愛情故事，我們再繼續往下細分，這是怎樣的愛情故事呢？是年輕人的愛情故事、老人的愛情故事或是狗的愛情故事呢？（這些選項的線索，都可以在故事的內容裡找到，可不是我天馬行空亂想的。）

我個人認為是老年人的愛情故事，這很容易看得出來吧。那麼，再往下走，這個老人的愛情故事是關於負心背叛、遭人拆散、黃昏之戀、或者是生死不渝呢？哦，我看出來了，這是生死不渝的；老人的愛情故事。

我們還可以再繼續往下探索，直到你在故事中再也找不到什麼線索，或者你再也想不出選項為止。看到了嗎？這時，故事的主題就很清楚的顯現在你面前了。

我們可以用簡單的表格來呈現，就我的經驗，通常最多只要三個層次的拆解，就能明確的幫我們找到故事的主題。

層次	分類
1	愛情故事
2	老年人的愛情故事
3	生死不渝的老年人的愛情故事

最後，再稍微修整一下我們得出的結果，「這是一則關於一生相愛（從年輕愛到老），生死不渝的愛情故事。」

如果你喜歡的話，甚至能把作者書寫的風格加進來，比如寫實的、超現實的、詩意的……那會讓你更清楚故事創作的背景和說故事的技巧，不過那是不容易的練習，我們一步一步慢慢來。

故事看門道

當我們自己創作的時候，該怎樣讓筆下的故事有主題？

這篇文章一開頭，我幫大家找到了「意義」的解釋，有趣的是，辭典裡竟然還有「無意義」這個詞的解釋：「不具備事物的道理及旨趣。如：『大家應心平氣和的商談，口舌之爭並無意義。』」

為何我要提到「意義」這個詞？因為在故事裡出現的所有人事物，都需要有「意義」，沒有意義的情節段落在故事裡會顯得突兀，而且累贅，讀者根本不知道這個段落出現在故事裡要做什麼？

當我們想要說故事的時候，通常會有兩種狀況，第一種：有一個想法或意見想要用說故事的方式來表達。第二種：是腦海裡蹦出了一個有趣的情節片段，想要把它寫成故事。第一種狀況我建議你不用看這篇了，因為你要表達的那個想法，其實就叫做主題，你缺少的是故事。

而第二種故事創作者剛好相反，是先有了情節血肉，需要有個主題來當故事的靈魂。

舉個例子，你突然有這樣奇妙的靈感：「有個小男孩，被大卡車撞，飛了老高，掛在高高的大樹上，他就一直住在那裡，好久都沒人發現。」想要寫成一篇故事。

那麼你首先要想，這樣的片段畫面，背後有些什麼「意義」？

我們一起來想想。

小男孩：孩子、男生、弱勢、調皮、天真、人類。

大卡車：強勢、工作、疲勞、機械、二氧化碳、汙染。

大樹：自然、生命力、氧氣、蔭涼、安靜、翠綠。

把幾個要素組合一下：「一個弱勢的小男生被強勢又充滿汙染的大卡車撞飛到富含自然生命力的大樹上，住在樹上，始終沒人發現。」現在，這個看似胡思亂想的靈感，好像有點「意義」了。

弱勢天真、強勢汙染、自然生命力、沒人發現……只要腦筋再稍微用力轉一轉，你能不能為這段情節找出可以發展的主題？我想可以的。

所以，找出意義，好好掌握這些「意義」，讓它們產生有因果關係的連結，等到情節組合完成，你的故事自然就會有主題。

故事的開頭 I

你認識自己的故事嗎？

好的故事開頭，
必須盡責的介紹該篇故事的個性。

故事就要開始了，我們即將進入一個「馬會飛、樹會跑」的奇幻國度，哦不是，那是個陽光浪漫得想要和黑夜跳舞的溫馨小鎮，或者也不是，那其實是一個疑雲重重、殺機密布的繁華都市，那裡住著許多人，每個人臉上都充滿著……咦，你還沒跟上啊！

故事的開頭不容易是嗎？

是的，確實不容易，開頭是故事帶給讀者的第一印象，身負吸引讀者目光的重責大任，而且後面還有一大串精彩的故事世界等著上場，開頭也得做點簡單的介紹，更不用說先把伏筆埋好、人物設定、場景摹寫這些細瑣的工作……這樣看起來，開頭得承擔的壓力，比故事的其他環節還要大得多，也難怪我們總是為一個簡單的開頭大傷腦筋。

別太傷腦筋，我們先來看看別人的開頭吧。

※　※　※

秋天的後半夜，月亮下去了，太陽還沒有出，只剩下一片烏藍的天；除了夜遊的東西，什麼都睡著。華老栓忽然坐起身，擦著火柴，點上遍身油膩的燈盞，茶館的兩間屋子裡，便彌滿了青白的光。

一塊八毛七。其中的六毛還是那種毫不起眼的小銅板，都是這段期間以來，黛拉在菜市場和雜貨店買東西時，拚了命的討價還價，然後一個子兒一個子兒慢慢攢下來的。黛拉已經反覆數了三遍，還是一塊八毛七，而第二天就是聖誕節了。

※ ※ ※

我為什麼清晰地記得鐘釘仔回鄉的那一個可悲的日子，實在是有其憑藉，斑斑可考的事情，自不容我底黃臉婆用卑鄙不堪的言詞來駁斥我，說我未老先衰，記性全無，業已達到非用電療醫治不可的地步，這真是毫不足掛齒的謬論。

這三段文字各自都是一篇小說的開頭，先不論這三段文字是什麼來歷，也別被它們情節開展出來的強大懸疑感震住了（雖然這是故事開頭最重要的任務），我刻意把它們並列在一起，你可以看出什麼呢？文字風格的差異？那是一定的，因為這是出自三位不同作家的手筆。除此之外呢？

你應該要看到故事的個性。

第一則故事開頭的場景描述細膩而內斂，為我們帶來了一種晦暗、緩慢而沉悶的調性，從「烏藍的天、油膩的燈盞、青白的光」這些字眼，我們甚至可以感覺到一點點小人物的悲情——這是魯迅的小說《藥》。

第二則故事一開頭就看到女主角在數錢，而且是很少很少的錢，我們還看見黛拉拚命的討價還價，想盡辦法要把這些錢攢下來，但似乎依然不足以支付她想做的事情。可以感覺到這篇故事的步調應該是急迫而焦躁的，雖然如此，結尾的「聖誕節」字眼似乎又帶來一點點的節日氣氛，令人期待——這是歐亨利的著名小說《聖誕禮物》。

而第三則故事我們很清楚看到，敘述者用狀似嚴肅的口吻在搞笑著，「斑斑可考、未老先衰、非用電療醫治不可的地步」這些正經八百卻又誇大不實的字眼，讓我們雖然讀到像「可悲的日子」這種悲情的字眼，嘴角卻還是忍不住微微上揚，整段開頭瀰漫著一種誇張戲謔的幽默調性——這是葉石濤的小說《群雞之王》。

這三則故事，不管內容如何，都有它們自己的調性，那是一種說故事的語調、氛圍、脾氣，那就是故事的個性。

書寫故事開頭時，除了敞開大門歡迎讀者進入故事世界，你一定也不要忘記為這則故事定調。如果把故事想像成一個人，那麼一開始就要讓我們知道這個故事人的個性，想辦法在短短的開頭段落中告訴讀者，該怎麼認識這篇故事、該怎麼跟這篇故事相處，進而與故事一起走完這趟美好的閱讀旅程。

故事看門道

所謂故事的個性，並不是說歷史故事、武俠故事、偵探故事、愛情故事或恐怖故事這樣的分類，而是說這個故事帶給我們的「閱讀感」。比如說：雖然同樣說的是歷史故事，有些故事說得認真而貼近史實；但有些故事說話的語氣則是搞笑到讓人肚子痛，有些故事喜好悲慘過程，有些故事則能一路滿懷希望。

它是故事的說話方式，是故事的人格特質。

不管這個故事的個性是嚴肅沉重、浪漫溫暖或是誇張戲謔，當我們開始閱讀故事，就是開始認識這個故事人，故事的開頭就必須盡責的為我們介紹這篇故事的個性，如此，當故事持續進行，我們才能跟作者產生共同的默契，心有靈犀的享受這篇故事。

所以，開始創作之前先想想，你認識自己的故事嗎？

牢牢扣緊的鎖頭

當開頭往前走，
故事的其他關鍵會自己跟上來。

把故事的個性搞清楚了，我們還不要馬上開始創作，先來了解故事開頭應該具備的功能。

概略來說，故事的開頭至少要能做到吸引讀者目光這個基本要求，否則根本不用再往下談了；其次，開頭若能涵納足夠的訊息與懸疑，做球給後續即將開展的情節打，那基本上就算是成功達成了。另外還有一個重點比較少人注意，雖然故事總有開始述說的那一刻，但時間永無止境，許多事件往往不是故事開始才發生的，那只是作者選擇切入事件的關節點，所以，除了啟動故事情節之外，如果能把故事還沒開始之前的情境氛圍與角色厚度也一併帶入，讓故事世界的環境背景更加完整，讀者的感受肯定會更加豐富。

用說的都很簡單，就讓我們從幾個簡單的故事開場來觀察看看。

在海的遠處，水是那麼藍，像最美麗的矢車菊的花瓣，同時又是那麼清，像最明亮的玻璃。然而它又是那麼深，深得任何錨鏈都達不到底。要想從海底一直達到水面，必須有許多許多教堂尖塔，一個接一個的連起來才成。海底的人就住在這下面。（註1）

由場景描寫開始的故事，讀起來比較沉穩舒緩，感覺不那麼急著吸引讀者，只專心在故事環境背景的設定。雖然如此，這則故事作者優美的場景描述，依然溫柔的鉤住我們的好奇心，尤其是最末那一句「海底的人就住在這下面。」能忍住不讀下去的人，我很佩服。

「我明白你會來，所以我等。」

「當真等我？」（註2）

以對話來開場，顯得自然而生活化得多，更貼近讀者。彷彿我們剛剛從門外進來，聽見小說角色正在說話，說話的內容聽起來有點趣味，我們就這麼坐下來聽了。對話比描寫更容易吸引目光，而且戲味更濃，但也因為對話可以透露的訊息相對較少，還須顧及角色背景，操作起來難度就比較高一點，掌握得好，每一句對話都是給讀者的一拳。

在廟裡逮到她的時候，全村都跑出來看了。（註3）

敘述一件正在發生的事件，可以帶來比較急促的緊張感，讓讀者一開場就受到衝擊，既一頭霧水又充滿好奇，想要知道事情的來龍去脈。這樣的開頭，讓情境有了更寬廣的景深，故事開始之前似乎還有前情，作者或許會在後面的情節中揭露，或許就隱藏不講，讓讀者自行腦補。故事不只在說出來的部分，沒說到的部分似乎也發生了很刺激的事情，讓閱讀產生更大的樂趣，讀者頭腦很忙。

當然，要為故事揭開序幕還能有許多方法，可以用疑問開場、也能用死亡開場、可以在很久以前、也能在多年之後……沒有一定規範的。只要記住開頭最基本的任務——吸引目光，並且理解開頭並不只是三言兩語虛應故事，它必須與故事的其他部分有所連結，就像一個堅實的鎖頭，既能鎖住讀者剛剛才落在書本上的目光；又能鎖住後續鋪天蓋地漫延開來的情節，甚至可以把開頭之前發生的事物也抓來扣住、鎖緊。那麼恭喜你，你已經具備寫出一個好開頭的正確觀念，接下來，只要一句一句把你預想的情節完成，別把結局搞砸了，那麼你的故事質地大概就不會太差。

註1：《小美人魚》安徒生

註2：《雨後》沈從文

註3：《真神》謝文賢

故事看門道

該怎麼練習寫故事開頭呢？

我有幾個口袋方法，或許你可以自己想到更多。

一、隨便寫：有了一個故事想法很好，但別被藝術家性格侷限住了，放輕鬆，隨便開個頭別害羞，先讓故事可以進行下去，也許寫著寫著，你對剛剛的開頭終於有了明確想法，再改過來就好了。

二、寫十個：有時對於故事的想法很多，實在很難拿捏該怎麼為故事開頭，那簡單，腦力激盪一下多寫幾個開頭，再從裡頭選出一個，或者由多個開頭拆解組合成一個，保證完美無敵。

三、不要寫：開頭很難寫？那就先放著不要寫，從你覺得最重要或最鮮明的靈感處開始寫，也許一路就能寫到結局，也許開頭就這麼蹦出來了。

四、選一個：這是個老方法，但也是個好方法。當故事的梗概浮現，試著把裡頭的「人物」、「時間」、「地點」與「事件」這四個要素拆開放好，不要讓它們在腦海中混成一團，開始書寫時，就從這四大要素中選出一個來著手。當開頭往前走，故事的其他關鍵會自己跟上來的，在我的經驗裡，沒有例外。

故事的彎道 I

轉彎之後看見什麼？

轉彎，就是「情節的轉折」，是一篇故事裡最有吸引力的地方。

有些故事娓娓道來，節奏適中，情感蘊藉在平順的故事裡，結尾時讓讀者身心平和，感受到舒緩恬靜，這種故事很適合睡前聽。

另外有一種故事，情節精彩刺激，吸引讀者目光，劇情推移到緊繃處，往往一個轉折，大出讀者意料，讓人震驚；有時瞬間就能撞擊人心，令人感動落淚。這種故事，所有人都喜歡聽。

之前我提過，故事不只是一條無止盡的直行路，如果要我再說得清楚一些，我會說，精彩的故事一定要會轉彎，不管是大彎小彎，明著轉暗著轉，越好的故事尤其轉得越厲害。

所謂轉彎，就是「情節的轉折」，是一篇故事裡最有吸引力的地方，讀者願不願意把故事讀到結尾，轉折點會是很重要的考量因素。

日本知名兒童文學作家安房直子，寫過許多充滿想像力又溫馨的奇幻故事，其中有一則短篇故事讓我印象深刻，篇名叫做《熊之火》。

故事大意是這樣的：

主角小森與公司同事一起去登山，但因為腿傷的關係，他在山裡脫隊迷了路，夜深天寒，正在緊張之際，山林裡竟走出了一支叼著香菸的老熊，會抽菸不稀罕，這大熊甚至還會講話，若無其事跟小森聊起天來。

大熊說到他和熊女兒因為受其他熊的排擠，幾年前輾轉在這座山上的火山口裡發現了一處神祕世界，風景秀麗、生機盎然。進出那世界的方式是點火，只要有火就能隨意進出，火一熄滅那世界就消失，大熊叼著香菸出現，就是可以自由進出兩個世界的媒介，他得在香菸火熄滅以前回去山頂。

小森聽得心生嚮往，熊老爹便邀請小森到他的神祕世界，小森跟著去了，不知不覺也變成了熊。那世界果然非常漂亮，河流清澈多魚、果樹茂密多樣，食物終年都不缺乏，而且四季如春，熊都不用冬眠了。小森在這裡住得非常開心，還跟熊老爹的女兒結婚，生了幾隻調皮健康的小熊，祖孫三代過著幸福快樂的日子。

但小森畢竟曾是人類，過了幾年開始懷想起人類生活，便哀求熊老婆讓他回去，熊老婆善良，終於拗不過小森，透露了熊老爹藏香菸之處，小森偷了菸，一路走回了原來的世界。

回到人類社會，面對許多競爭與排擠，小森有時會想起當動物的單純快樂，但畢竟已經變回人類，就算他想，也沒有機會再回去當熊了。

故事一步一步順著情節進行，沒有太讓讀者意外，看起來會是個帶著淡淡哀愁的結尾，但其實，作者才剛要帶我們進入一個大彎道呢。

小森變回人類過了一年左右，有一天，突然窗外傳來叩叩聲，打開窗，只見月光下站立著一個熟悉的身影，竟是他的熊太太。他驚喜交雜，問熊太太是怎麼來的，這時熊太太默默的轉身，往身後的大山一指，眼前景象差點把小森嚇了一個半死。

遠方幾座山漫天燃燒著，山火順著林地一路延燒，直燒到小森家的後院。

「一邊燒山，一邊來的。就是想來看你一眼！」

「到這火熄滅為止，我就必須回到山頂上去了。」熊太太這樣說著。

試著想像一下，故事從一根香菸的星星之火開始，到熊太太燒山這漫天的火焰，故事結尾從淡淡的哀愁變成巨大的悲傷。

這一轉折，實在太驚人，也太動人了。

雖然熊太太的愛火旺盛，但已經回復人身的小森考慮再三，依然決定不回去了。帶著愧疚與不捨，小森跑到田裡去挖了許多蔬菜水果，要熊太太帶回去給熊老爹與孩子們，正張羅著，小森默默的流下淚來，因為他知道這一拒絕，就是永別了。

最後，小森還是放不下人類世界的一切繁華。

故事看門道

讀完故事，我幾乎跟著小森一起落下淚來，動物的情感，有時比人類更直接、更執著。

為何這故事會感動人呢？熊太太最後轉身那一指，實在太有力量了。為了想見曾經是老公的小森一面，竟然燒了整座山，原本只是充滿想像力的獵奇故事，情節轉過這個彎，故事首尾有了很棒的呼應，產生深度的意義，而且真摯簡單的情感撞擊人心。

這就是故事的彎道，許多厲害的故事都有這樣的轉折，有時是偵探懸疑故事、有時是恐怖驚悚故事、有時是讓人噴淚的感動故事，轉折之後，故事就有了新風景，技巧高明一點的作者，還能利用一次漂亮的情節轉折，把故事的內涵提升到另一個層次呢。

轉出故事的層次

把前面情節累積的內涵帶著轉過去，才能共稱為一個故事。

在故事進行中，轉折的作用至少有兩個。

一是製造故事的驚奇：閱讀故事的人，最期待的還是新鮮感，對於故事下一步發展，總是帶著好奇的眼光，如果故事不能適時轉折，回應讀者的期待，那他們很容易就會放棄了。而越是平鋪直敘的故事，越須要有一個醒目的轉折。比如，童話故事《灰姑娘》，當繼母與兩個姊姊盛裝出席王子的宴會，灰姑娘仙杜瑞拉傷心的哭泣，場景灰暗又落寞，這時，轉折就出現了。一位好心腸的仙女變出了南瓜馬車、老鼠車夫和玻璃舞鞋，讓讀者眼睛一亮，也讓仙杜瑞拉成功參加了舞會，有機會認識王子。

二是產生新的意義（內涵），讓故事更有層次：就像我之前說的，大部分的故事都是為了一個主題存在的，不論是愛情、親情、友情、復仇、追凶、尋親或維護正義等等，你可以隨意就安排主角說出故事主題的內涵，當然也可以把主題經營得深刻一點，讓讀者有更多的思考與感受。而很多時候，故事的轉折，可以幫你做到這種效果。比如，動畫電影《玩具總動員》第一集，因為出廠設定的關係，主角巴斯光年總認為自己真的就是太空騎警，而不是一個玩具，直到他在電視廣告裡發現了真相。這個轉折對巴斯光年是個重大打擊，觀眾都為他感到遺憾，但這也讓他終於認識自己，人生觀有了一百八十度的轉變，為後續的故事帶出了不同的層次。

因為有轉折，故事變得更立體，若只是一條線平鋪直敘的說出來，從一個點走到另一個點，那這個故事的結構是平面的，雖然也會有趣，但可能不會太耐讀。如果故事情節能適當的轉個彎，也許往左、也許往右、也許往上、也許往下，就能把故事的版圖拓展得更寬廣，更立體，咀嚼起來更有味道。

當然，有些故事喜歡不斷帶給我們驚喜，情節時時刻刻都在轉彎，那樣的故事固然精彩眩目，但讀起來容易彈性疲乏。我這裡說的轉折，主要是一篇故事裡最重要的那個轉捩點，令人感到最震撼的意外、最強烈的驚喜或最深刻的感受，那是故事對讀者的重擊，也可以說是作者與讀者的正面交鋒。

當然，所謂「轉折」只是一種概念上的說法，是讓故事展開新局面的技巧，至於詳細情節該要怎麼安排，還是要看你創作的故事調性而定。當你在構思故事轉折時，有一點很重要，既然稱作「轉彎」，那就表示故事還連接在同一個路面上，不是毫無關連的跳躍，也不是天馬行空的亂飛，轉彎前與轉彎後的情節仍須產生連結，把前面情節累積的內涵帶著轉過去，才能共稱為一個故事。

如《熊之火》的故事，一開頭熊老爹便說了，得要有火源，而且火要不能熄滅才能進出兩個世界，所以到了後面轉折處，熊太太以火燒山的大火來到小森窗前的情節才能成立，也因此才有了累積而來的感情。

書寫練習室

構思故事的轉折，是龐大的工程，書寫起來很不容易，須要許多經驗的累積，我們可以先從小小的練習遊戲開始。

練習一、彎來彎去的故事：試著寫一個故事，但每一句話都要讓情節轉一個彎，比如說：「他吃一碗飯，飯裡跑出來一個人，那人抓著一隻奇怪的生物，那生物講著人話，叫著他的名字，他的媽媽被嚇死了，不斷縮小，成為一顆種子。」讓自己的腦袋常常轉彎，真要寫故事時，一定靈活百倍。

練習二、尋找麵包屑：同樣寫一個故事，盡量不停的寫，到了寫不下去的時候，不用花腦筋空想，回到前面已寫出的情節裡去找線索，我保證你一定會為自己留下許多麵包屑，請你至少找出三個可以讓故事延續下去的元素，讓故事自己把自己餵養長大。

練習三、製造情節錦囊：可以把平常想到的情節都寫成紙條，留存下來，報紙上看到有趣的事件也可以剪下來，總之，為自己建造一個情節資料庫。書寫到轉折處時，便從資料庫裡抓出一張紙條，讓故事轉個彎。（如果是做練習，我建議你一定不能更換紙條，選到什麼情節就直接寫，有時會很困難，但有時應該很有趣，多多刺激你的故事腦袋吧。）

故事的結尾Ⅰ

多一片風景

結尾呈現的方式，可以左右閱讀故事的最終感受，甚至決定這篇文章的評價。

所有故事的開頭都很重要，幾乎可以決定這則故事的主題與風格，但是，真正要讓一則故事完整；乃至於完美，我們要看的是結尾。

一篇好故事，從開頭就可以牽動讀者的情緒，一路引導堆疊，使人感受深刻，但感情易放難收，再棒的故事也有結束的一刻，到了故事尾聲，你會怎麼安頓下來呢？

不用急著回答這個問題，我們先來想像一下，有一座湖泊，風景秀美，湖面澄淨，遊客欣賞著這片瑰麗的湖光山色，內心各有感觸。但是，大家都不知道的是，湖裡有個什麼東西在游移，蓄勢待發就要從水裡現身，若你可以選擇，你會讓這個暗影潑刺一聲衝出來，引起水花四濺；或著緩慢的頂開水面，無聲滑出？讀者就是站在岸上觀看湖景的人，我們欣賞作者精湛文字帶來的情節鋪陳與情感激盪，深深融入其中，但未到結尾，不知道作者葫蘆裡賣什麼藥，我們總是期待著。

而水底那暗影就是結尾，結尾呈現的方式，可以左右我們閱讀故事的最終感受，甚至決定這篇文章的評價。突然破開的水花可以帶來強烈的震撼感；而慢慢浮出水面則相對輕柔滑順，兩種結局的技巧各有不同，留給讀者的感受也很不一樣，端看作者想呈現什麼，但有一點相同的是，兩種方式都帶出了另一片風景。

有一篇得獎文章叫做〈父後七日〉，作者是劉梓潔，曾被翻拍成電影，賣座很好。內容大意說的是，從父親臨終到喪禮結束的幾天之間，主角經歷見聞的一些荒謬俗事，讀來笑中帶淚，既有看破生死的豁達，也有天人永隔的不捨，作者文字清淡直白，感情卻豐沛濃稠，撼動人心。

我們來看看〈父後七日〉（註4）的結尾這幾段。

我帶著我的那一份彩金，從此脫隊，回到我自己的城市。

有時候我希望它更輕更輕。不只輕盈最好是輕浮。輕浮到我和幾個好久不見的大學死黨終於在搖滾樂震天價響的酒吧相遇我就著半昏茫的酒意把頭靠在他們其中一人的肩膀上往外吐出菸圈順便好像只是想到什麼的告訴他們。

欸，忘了跟你們說，我爸掛了。

他們之中可能有幾個人來過家裡玩，吃過你買回來的小吃名產。所以會有人彈起來又驚訝又心疼地跟我說你怎麼都不說我們都不知道？

我會告訴他們，沒關係，我也經常忘記。

是的。我經常忘記。

於是它又經常不知不覺地變得很重。重到父後某月某日，我坐在香港飛往東京的班機上，看著空服員推著免稅菸酒走過，下意識提醒自己，回到台灣入境前記得給你買一條黃長壽。

這個半秒鐘的念頭，讓我足足哭了一個半小時。直到繫緊安全帶的燈亮起，直到機長室廣播響起，傳出的聲音，彷彿是你。

你說：請收拾好您的情緒，我們即將降落。

看見作者安排結尾的技巧了嗎？

她多給了我們一些畫面。

故事看門道

篇名〈父後七日〉，故事情節卻不在喪禮最悲愴的火葬場面上結束，也不在家人唏噓喘息，以笑代淚的嬉鬧場景中結束，甚至，連主角收拾行囊離開家鄉，時間跨過了父後七日之後文章仍未完結。就在我們感覺全文營造的哀戚感將要散掉的當口，作者帶著喪父的悲傷（彩金），引領我們多看了兩幕不同的場景。

一幕是音樂震天價響的酒吧中，對著死黨朋友們假裝不在意的告白。在喪禮上表現悲痛是常情，說來並不特別困難，但是回到日常生活中，我們該怎麼面對這樣沉重的悲傷呢？作者說只好輕盈，乃至輕浮。這當然是逃避，因為這輕，是生命中難以承受之輕。

而這樣就夠輕了嗎？好像不夠，作者筆尖一轉，又給我們新的場景，讓我們輕得飛起來，搭飛機飛到天上，距離逝去老爸最近的地方。因為機上的免稅菸酒不小心又憶起喪父之痛，而引發了難以自持的哭泣之後，作者在湖裡隱藏的東西，終於以緩慢而略帶磁性的方式浮出水面，那是廣播裡流洩出來的機長聲音，在主角悲痛難抑的感知裡，機長的男性聲線一如已逝父親，對著女兒娓娓叨絮著。

請收拾好您的情緒，我們即將降落。

在此之前主角已經哭過一個半小時，而我們讀者順著文字來到這裡，終於也因為情緒失重而被逼出了眼淚，緩緩降落在父後七日的無盡遺憾中。

註4：〈父後七日〉劉梓潔／寶瓶文化出版

故事的結尾II

降落的方式

想要在結尾時帶出有內涵、有感觸、有新意的畫面感，多去感受並思考物外之趣是必然的。

除了緩慢浮現的結尾形式，我們來看看另一種風景。

大鳥飛到阿亮的頭頂上，身上彩色的羽毛閃著光，阿亮沐浴在大鳥彩色的光芒裡，覺得很舒服。阿亮知道自己要上天堂了，那兩個阿斗仔說時候到了會有一道光來接他上天堂，他感覺到那道光了。天堂不知道好不好玩，那裡也有長草嗎？阿亮想。阿亮的身體變得好輕好輕……

突然，工寮的門啪噹一聲彈開，龍村伯吼出一陣響雷：「緊咧，郎在這啦！」阿亮驚醒，勉強睜開眼睛看見眼前閃著幾道搖晃的光線，幾個模糊的身影在光線裡交錯。爸爸的聲音喊著：

「阿亮！」

這段文字，是我的短篇小說《阿亮》的結尾，故事說的是阿亮這個孩子上山割草，卻遭暴雨所困，蜷窩在竹寮裡溼寒交迫，陷入迷離幻夢的故事。結尾前阿亮已經失溫昏迷，彌留間，腦海裡盡是美麗的幻夢，描述的文字絢爛而舒和，阿亮領受解脫，輕飄飄的魂身就要悠悠的上天堂去了，讀者的心緒也隨著閱讀而悠悠的轉入傷懷。

但是下一段話鋒驟轉，工寮的門激烈彈開，帶出強大音效，光線射入，人影交錯，聲光情境整個大改，彷彿進了另一個閱讀空間。隨著父親角色的喊聲，原本平靜悲傷的結尾如水面炸裂，爆出另番新境，而擦乾臉上水花之後，讀者我們心裡鬆了一口氣的同時，依然能看見震撼餘韻，水波蕩漾。

故事是文字寫出來的，文字是發展情節、鋪陳情感的工具，雖然鋪展的手法各有路數，結尾的收束技巧也各自不同，這裡，多給讀者一片風景，讓感觸與思考都挖掘更深，是一個不錯的方法。當然，這片最後的景緻不是隨便亂湊數的，否則便失去意義，還不如及早結束。形式上你可以直接延續前文的情境；或者只是視角的些微調度，也可以讓差異性鮮明一些，甚至來個一百八十度大翻轉。

舉個例子說明：當一則故事描述主角經歷生命橫逆，悲傷落淚之後……

1. 看見顛沛流離，活得比主角更加辛苦的人們。
2. 眼前出現一汪寧靜的湖泊，水鳥滑水覓食，波紋輕淺。

3.抬頭望見晴空萬里，藍天白雲，遠處陽光和煦。

4.立足一片荒原，卻看見一朵盛開的小花。

如何，仔細咀嚼是否都有不同的感觸，更有別於單純的悲傷？有的甚至帶出重生的喜悅吧？結尾畫面描寫得越好，故事一定越有味道，越耐讀。

書寫練習室

這樣的技巧該怎麼做練習呢？

想要在結尾時帶出有內涵、有感觸、有新意的畫面感，多多去感受並思考物外之趣是必然的，在書寫練習時，我提供一點建議。

一、**結尾續貂**：在故事書寫練習中，行文到結尾，文氣終止時，要自己再多構思一個畫面，與前文有關或無關先別擔心，盡可能試著讓這畫面與本文產生一點意義上的連結。當然，這只是練習，通常結果是極不搭襯的，但長久練習下來，可讓你的書寫思考比他人多一個畫面，多一個層次。

二、**節外生枝**：故事靈感來自生活，有感而發、而延伸、而想像。當你見聞到任何事物，想要記錄書寫時，可以多為這些事物構想延續的情節。如，看見一個人撿到錢，除了詳實記錄這人撿錢時的樣態、神情，提煉出諷刺或憐憫的文旨之外，也可試著延伸思考：這人撿了錢後將如何運用，運用這錢的方式又代表著他是什麼樣的人，或者，回頭想想掉錢人著急的模樣……等等，讓思考的幅員不只在眼前主幹，還能開枝散葉。

三、畫蛇添足：生活中捕捉到一個可資下筆的情境主題時，總是令人興奮，迫不及待想寫成曠世文章，這時先停一停，再想想，這情境只能這麼寫？只能有一個旨意嗎？如，適巧撞見一朵花盛開，就只是生命的喜悅？能否呈現出生命的艱難？可以反思我們生為人類的感恩嗎？土地的供給與包容呢？體悟「淨從穢生，明從闇出」的禪意？多方思考、感知，呈現更縝密的情感與思緒，讓一個情境帶來不只一個感想，讓蛇變成一條蜥蜴。

畫蛇添足在寓言裡是多此一舉的意思，但在寫作上，或許是一件值得嘗試的事情。多多練習吧，讓你的結尾漂亮降落。

故事的三要角

故事的角色

上帝的工作

書寫人物的轉變，就是故事存在的目的。

有一句話說得很好：「有人的地方，就有江湖。」人是故事的軀殼、故事的血肉、故事的靈魂，人就是所有事情的中心，任何故事都要以人性為基礎。

寫故事就是在寫人的事，創作者必須在故事裡把一個角色從無到有創造出來，賦予獨特的形象與情感，就像上帝造人一樣，有掌握生死的權力，但也有延續生命的義務。

人物易寫難精，要把一個角色的神態樣貌描繪得精緻生動，已經不容易，若要使讀者讀後留下深刻的印象，那又是更高的境界了。怎麼做呢？

描寫人物的外型時，可以著重細節，如工筆畫般精描；也可以寫意揮灑，像潑墨一樣取其神韻，真正的重點在於使人物形象躍然紙上，跳到讀者眼裡，甚至進到心裡。用兩篇文章來示範。

他們一前一後走下小徑，連到了空地也保持如此，兩人都穿著藍粗布褲子和有銅鈕的藍粗布上衣。兩人都帶著不成樣的黑帽子，背著鋪蓋捲。前面那個矮子精悍，動作敏捷，臉黑黑的，兩眼溜來溜去，面如刀削。他每一部分都輪廓分明，手小而有勁，手臂很細，鼻子又窄又沒肉。後面那個人恰恰相反，身材高大，臉無輪廓，眼睛很大，是淺色的，肩膀寬但往下溜，走路時腳步沉重，有點像曳足而行，如同熊走路時那樣拖著腳。他的手臂在走路時不像別人那樣前後甩，而是低垂在身旁。

這是諾貝爾文學獎得主史坦貝克的小說名作《人鼠之間》，文字裡把兩個主人翁：精明的喬治與憨鈍的倫尼，描述得細膩而生動，形容精確，隨著文字讀來，兩人的形象如立體投影鮮明浮現，彷彿正從我們眼前走過。

五年前的花白的頭髮，即今已經全白，全不像四十上下的人；臉上瘦削不堪，黃中帶黑，而且消盡了先前悲哀的神色，彷彿是木刻似的；只有那眼珠間或一輪，還可以表示她是一個活物。她一手提著竹籃。內中一個破碗，空的；一手持著一支比她更長的竹竿，下端開了裂：她分明已經純乎是一個乞丐了。

而這段，寫的是魯迅小說《祝福》裡的祥林嫂，雖然描寫得不那麼細緻入裡，五官面容我們不是看得很清楚，但形象特色掌握得很巧妙，祥林嫂瘦弱、木然的模樣，直在讀者腦海裡揮之不去。

除了外型長相，人物還有內心世界，這是人類有別於其他生物的獨特處，往往也是故事流動的地方。人的內心有情緒想法、有好惡悲歡，細細經營就能寫出很多糾結的張力。

這黛玉體貼出絹子的意思來，不覺神癡心醉，想到：「寶玉能領會我這一番苦意，又令我可喜。我這番苦意，不知將來可能如意不能，又令我可悲。要不是這個意思，忽然好好的送兩塊帕子來，竟又令我可笑了。再想到私相傳遞，又覺可懼。他既如此，我卻每每煩惱傷心，反覺可愧。」如此左思右想，一時五內沸然。由不得餘意纏綿。

曹雪芹善寫人物，紅樓夢裡的角色人物多不勝數，女主角林黛玉心思細膩、多愁善感，看看一條小手帕就能引起她多少的思緒波濤。藉由這些內心描述，作者成功塑造了林黛玉優柔寡斷的個人特質，是個角色功能鮮明的女孩。

順帶一提，紅樓夢眾多角色人物雖說是想像出來的，但回頭看看我們生活周遭，有多少個賈寶玉、林黛玉、薛寶釵、賈母甚至劉姥姥？曹雪芹老人家功夫深，用虛構角色編織出了我們真實人物的共通性，所以，紅樓夢能引發許多讀者共鳴，傳唱兩百多年。

寫好了角色人物的外型與內心，該上故事了，人物都是為了搬演故事而來的，沒有故事，人物都是空的。與其說故事是事，不如說故事是人，許多故事都是人物成長的故事，哈利波特從天真怯懦的孩子，長成勇敢擔當的青少年；東尼史塔克從浪蕩富二代變成地球守護者；而櫻木花道則是從籃球門外漢成為一位能宰制禁區的猛將。

所謂成長，其實就是改變，上述這些故事都是因為角色的改變而燦爛精彩，使人難忘。再仔細些想，你便能發現，致使那些角色身心產生變化的因素，幾乎都是從體悟來的。那麼，問題就很清楚了：「我們要怎麼為角色製造體悟呢？」其實不難，通常就是讓角色遭遇困難、挫折，製造衝突，致使他們對於世界或自己有了不同的看法，產生了新的觀點，開始積極思考、學習（或者相反，就此消極下去），最後，終於導致了某種結果，不管是喜劇或是悲劇。

故事看門道

這世界上的經典故事，不管作者文筆好壞，都生動鮮活的寫出了人物心性的轉變，有些人由好變壞，造成了一些遺憾；有些人由壞變好，令人刮目相看。有些人甜甜蜜蜜卻因故而分離，有些人原本千里不相識，誤打誤撞反倒成了佳偶……所有故事幾乎都不脫這樣的原型。當然，每個創作者都有他的巧思，會加入更多複雜的情節因素，調配出一道又一道新鮮的故事菜色，但若你仔細觀察，便可以發現，書寫人物的轉變（成長或墮落），就是故事存在的目的。

你可以這樣練習。

一、**當福爾摩斯**：找個模特兒來描寫，寫的時候盡量細膩，然後，在這個人身上找出一個線索，比如傷口、衣物上的髒汙或特殊的飾品，接著，學習名偵探福爾摩斯，深入推理這線索背後的成因，為這角色鋪陳一段經歷。

二、草木皆人：雖然這是描寫人物的練習，但不一定要寫人，可以用植物、動物甚至物品來擬人，想像這個東西的擬人長相、名字、年齡、性別、個性等等，打造出人物特質，那麼，一個活生生新鮮的角色不就完成了？

三、我不是壞人：看過聽過許多精彩的故事，我想問問，你是否想過佛地魔的心情？胖虎的孤單？《七龍珠》魔頭弗利沙的挫折感？《復仇者聯盟》奧創內心的願景？沒有，因為我們只關心主角！有時候，試著從故事中其他角色的心境出發，轉換一下敘事角度書寫，多多練習思考，你會發現，你的故事會變得更有深度，並且有更多的人性。

故事的場景

有fu很重要

場景不一定是指真正的景色或景物，比較接近一點的說法應該是「有戲的畫面」。

玩捉迷藏時，如果輪到你當鬼了，你會做什麼事呢？

當然是找人啊，這不是廢話。也許你會這樣說。

但是，誰想讓你找到呢？所有人一定都會拚命尋找，找什麼？找一個絕佳的藏匿地點，想辦法躲得隱密，不要被你看見，所以，你要找的其實不是人，而是環境中奇怪的地方。

所謂的場景，把故事發生的場地景物交代清楚，那只是基本要求，真正厲害的創作者，是要能把場景融入故事情境中，懂得取景，也要懂得捨景，把故事內涵與表面張力安排在絕妙精準的場景裡，讓意義發生。在故事中，哦，我說的是在「好」故事中，場景的出現都是有目的，不管是為了要表達氣氛、情境、情感的「景」，或者是隱含喻意、為故事題旨畫龍點睛的「物」。就像捉迷藏最好玩的就是找人的時刻，懂得在場景裡安排機關讓讀者探索咀嚼，你的故事就會比別人的耐讀一百萬倍。

那麼，故事的場景應該要怎麼描寫呢？

至少要建立起空間感。

有一部經典電影叫作《阿甘正傳》，它的片頭非常有趣。影片一開始，我們首先看到藍天白雲中的一根羽毛，隨著羽毛的飄飛，我們遠遠看見了城市建築物的屋頂、樹梢，接著羽毛又往天上飄去，慢慢再飄下來的時候，我們與建築物的距離就變得很近了，接著，順著羽毛的動線，我們可以看見樹蔭底下的街道、車子與來來往往的人們，最後，羽毛隨著氣流在馬路上翻飛一陣之後，終於飄落在主角阿甘的腳下。

我們在螢幕裡看見羽毛飄飛的軌跡，其實就是鏡頭的移動。它先從高角度拍攝城市的遠景；慢慢的進到街道、人群等中景，最後才用很近的鏡頭，特寫阿甘的鞋子。（這鞋子非常有戲，看過電影的人就知道。）

這就是描寫景色的基本技巧，由遠而近，循序漸進把空間感描繪出來，既有層次，讀者也容易理解，重點是還把與故事題旨有關的老百姓生活情態與那雙重要的鞋子也呈現出來，鏡頭並沒有浪費。

當然，如果故事劇情需要，你還可以把主角的鞋子仔細的描繪一番。

先別說鏡頭裡隱藏的深意了，這樣的描繪只是很基本的畫面描寫，想寫好故事，多練習吧。

接著，我們來看看「場景」這個詞，詞典裡是怎麼解釋的：「在攝影場內搭建的布景，用以表示實景。相對於外景而言。」

看起來只跟拍電影有關，但有一點我們可以注意：場景是搭建出來的，所以概念上「全都是人造的」，而對於我們故事書寫來說，更是如此。場景不是真景，更不是全景，不管你刻畫的場景是否有所依據，為了對情節推展有適當的幫助，寫進故事時，你一定會有所取捨、甚至更動、改造，因此我們可以這樣理解，場景不一定是指真正的景色或景物，比較接近一點的說法應該是「有戲的畫面」。

描繪場景的方法，我們剛剛才學過，但是，該怎麼打造出有戲的畫面呢？

這時，我們需要鋪陳。

舉個例子：在你的故事裡正好有一對熱戀的情侶，你精心為他們打造了一個完美的定情地，對情侶雙方甚至對作者你來說都意義非凡。故事繼續進行，當這對情侶分手後，其中一方因緣際會回到這充滿甜美回憶的地方來，碰！馬上就真情流露，百感交集，這就叫「觸景生情」，感情來自於前面的鋪陳。

再一個例子：村莊裡農田乾旱了一整年，村人求神拜佛就是無解，有人因此搬離故鄉，遠赴異地尋求生機，而留下來的人只能無語問蒼天，勉力圖存。日子難過，為了活下去，村民間甚至還發生了搶水糾紛，眼看是一場浩劫。這天，突然烏雲密布，旋即下起百年僅見的大雨，人人歡天喜地，田裡的作物雖被雨水打低了頭，卻像落淚般喜悅著。這份笑淚交雜的感恩，來自前面乾旱枯竭的鋪陳。

故事看門道

這樣的情感表現，都不須多餘的語言表達，只要把場景中有戲的部分描寫出來就可以，讀者自動會參與演出。

當然，有時也不一定要自行構思創造，有些景物自己就有飽滿的象徵意義，只要故事作者懂得把鏡頭移過去就行。比如說石頭有頑強固執的意象、鴿子有和平的意思、雪景必然是冬天、樹上枯枝代表了無生趣、嫩芽生長代表春天或欣欣向榮、早晨有活力、黃昏則有疲累與惆悵感，流水與日月星辰都有循環不已的意象……這些情境，不用隻字片語就能表達出它既有的意涵，這就是場景的語言，若能熟練的操控景物，故事裡的場景語言其實是很有Fu的。

一、藉景抒情：這個練習很簡單，只要觀察周遭景物，描寫出令你最有感觸的部分，那麼，你為什麼會對這部分特別有感呢？再把箇中原因寫出來就好了。

舉例：「看著這些花圃中的葉子，在雨中不停低著頭，悲傷的情緒突襲而來，這雨中的葉子正像是我的心，在壓力底下不願屈服，卻也只能無奈的起伏掙扎。」

二、最美的時光：在不同的時間點，描寫同一片景色，練習寫出場景中的時間變化，提升觀察力與表達力。

三、換湯不換藥：選定一個場景，試著用不同的主題或情境來書寫。比如，同一個景色，可以用悲傷的、歡快的、憤怒的、驚奇的……不同情感來描寫，甚至也可以用愛情、偵探、武俠、科幻、戰爭、靈異……等故事類型來分別描寫，練習更多場景情境的掌握。

故事的對話

每一句都是腦細胞

說出口的話和沒說出口的話虛實交錯，把故事場景經營得生動飽滿。

你知道怎麼講話嗎？

當然，這是笨問題，我真正想問的是，你知道怎麼在故事裡講話嗎？

在故事裡，對話的經營是細膩活兒，創作者必須一人分飾多角，深入角色內心去思考，還得拿捏分寸，推展情節，說得太過或太少，輕易就能導致一篇故事的失敗。

故事裡的對話通常只占據很短的時間，篇幅不長（當然也有例外），故事角色你一言我一語的說著，看似不假思索，其實都是創作者絞盡腦汁的成果；是學識與觀察與想像的結晶，是花費大把時間煉製出來的。

《一代宗師》是一部有深度的武俠電影，主角葉問與宮二小姐因為一場武功比試而衍生了似有若無的情愫，偏偏造化作弄，兩人一生無緣，愛情沒能開花結果。故事一路蜿蜒到了最後，兩個人有一段精彩的對話，我把臺詞與情節梗概謄寫如下，一起來看看。

葉問獨白：「一九五二年冬天，宮二停止掛牌。有人說是因為舊患，開始吸鴉片。有人傳她是練功走火入魔。」

鏡頭在這裡停了約莫三十秒，畫面裡是宮二的側面剪影，攬鏡自照，纖瘦，略帶佝僂。

畫外音依然是葉問的獨白：「我最後一次見她是在大南。」

場景移到「大南」，似乎是個茶館酒樓，前場有人在唱戲，葉問與宮二並肩而立。

葉問：「聽得懂這戲嗎？」

宮二：「像是在佛山聽過，叫什麼夢。」

葉問：「風流夢。」

葉問與宮二兩人對望。

宮二：「風流本就是個夢。」

葉問無語。

宮二：「有人說，絲不如竹，竹不如肉。唱的遠比說的好聽。」

葉問：「宮先生學過戲呀？」

宮二：「皮毛而已。」

宮二說完轉身尋找座位，葉問尾隨而去，兩人相對而坐。

宮二：「當年，要真擰著性子把戲學下來，我定會是臺上的角兒。千回百轉，一悲一喜。唱膩了《楊門女將》，就換《遊園驚夢》唱唱。那時候，你在臺下，我唱你看。想想那樣的相遇也怪有意思的。」

葉問：「我怕到時候一票難求呀。」

宮二：「您真捧場，您看戲，我送票。」

葉問：「其實人生如戲，這幾年宮先生文戲武唱，可是唱得有板有眼功架十足。可惜只差一點，就差個轉身。」

宮二聞言，抬頭盯視葉問，眼神哀怨。

宮二：「想不到你把我當戲看。」

葉問尷尬得眼神低垂，拿起茶杯喝了一口茶。

宮二：「我的戲不管人家喝不喝采，也只能這樣下去了。」

這段對話用唱戲來比喻人生際遇，一開頭便說是「風流夢」，暗喻了兩人一輩子的恩怨糾結，恍然若夢，也荒謬如戲。

之後兩人進退擋拆，對招精彩。

葉問問宮二懂不懂這戲（人生），精於戲；差點成為名角的宮二卻只說好像聽過，待得葉問托出戲名《風流夢》，宮二才順勢拿下了這段對話的定調：「風流本就是個夢。」

緊接著，宮二說要唱戲給葉問看，葉問便推說一票難求。宮二繼續出招，直接說要送票給葉問，葉問不想（敢）接招，轉而恭維起宮二的生涯成就，還暗示要她轉身。宮二幾句委婉的表白都碰了軟釘子，緊接著丟出這句：「想不到你把我當戲看。」既悲又怨，令人心酸。

不過，宮二不愧是名門宗師，縱使有悔，也義無反顧，堅定說出：「我的戲不管人家喝不喝采，也只能這樣下去了。」

細看這對話，宮二是北方人，講話直率，憋屈了大半輩子，終於把心裡的話說了出來，情真意切。而葉問是南方人，談吐進退之間婉轉含蓄又意有所指，雖沒正面拒絕，卻也讓人捉摸不到他的心思。

這是一段精緻的對話，除了言語聲調硬橋硬馬的較量，兩人眼神與肢體之間的互動更是暗潮洶湧，這是另一種對話，無聲的對話，難以言喻，引人遐想。說出口的話和沒說出口的話，在電影裡虛實交錯，把故事場景經營得生動飽滿。

其實，不管是真正的人生或在故事裡，說話都是一種藝術，真的要把話說好，也不是那麼容易。如果不能寫得博學幽默、深刻雋永，那麼，最少也要把角色的性格凸顯出來。比如說：

老婆：「今天面試順利嗎？」
老公：「嗯，很順利。你呢？今天順利嗎？」
這是溫柔體貼的老公。

老婆：「今天面試順利嗎？」
老公：「你眼睛瞎了嗎？沒看到我踩了一鞋子的狗屎！」
這是一個暴躁易怒的老公。

老婆：「今天面試順利嗎？」
老公：「呃……我需要來顆止痛藥！」
這是處於失敗痛苦的老公。

故事看門道

須知，我們平時講話很快，多的是廢話，但故事的書寫很慢，你可以慢慢琢磨，故事角色間不經意丟出的一句話，都是作者苦心孤詣，燒掉無數腦細胞的成果，它應該對故事產生作用，不該有任何一句廢話。

當然，故事並不需要處處機鋒，講話一直高來高去，聽起來是很累人的，但若能鋪陳幾個耐人咀嚼的對話橋段，故事讀起來一定會更有滋味。那麼，該如何經營故事裡漂亮的對話？幾個方法讓你參考。

一、搶先一拍

甲說：「你不是死了？」

這時，不直接回答死或沒死，往前多跳一拍。

乙說：「你不會相信我經歷了什麼！」
甲說：「你經歷了什麼？」
別回答什麼經歷，再跳一拍。
乙說：「以前我不相信有地獄，現在我信了。」

二、一語雙關

甲說：「你不是死了？」
乙說：「我們都死了！」
甲說：「為什麼我們都死了？」
乙說：「這世界從沒一個活人！」

三、矛盾回答

甲說：「你不是死了？」

乙說：「我死了，也沒死。」

甲說：「你沒死？」

乙說：「我的心已經死了，但是我的人沒死！」

四、雞同鴨講

甲：「你不是死了？」

乙：「這茶涼了。」

甲：「我明明殺了你！」

乙：「真沒想到，你也養貓。」

五、實問虛答

甲：「你不是死了？」

乙：「我從沒死過！」

甲：「我明明殺了你！」

乙：「你殺不了我！」

這些都是製造玄機的對話小技巧，讀起來有趣，也能帶出延伸情節，但須切記，話說得太玄，玄得讓人摸不著邊際，恐怕會讓讀者反感。真正厲害的對話，需要在閱讀樂趣底下還能引導情節進行，引導情節進行之餘又能讓讀者產生無邊聯想，重點中的重點是，不宜過長，長篇大論沒人愛。

接下來，讓你的故事講話吧。

情節設計要素

故事的道具 I

承載感情的記憶體

加入一點道具的輔助，就能讓故事加分，因為，道具是死的。

先記得這點：所有故事都是人說的，說的都是人的事情。

或許你想反駁，有的故事主角就是鴨子、小豬，有些故事的主角甚至是玩具呢。

讓我說明一下，故事的角色可以是任何「東西」，但所有的故事真正想要傳達的內涵，其實都是某種屬於人類的情感，我們可以概括說那是「人性」。醜小鴨、三隻小豬或是《玩具總動員》裡的巴斯光年，雖然各是動物與物品，但你仔細想想，他們是不是都被塑造出很鮮明的性格？甚至，他們的思考模式完全就是人類的樣子吧？那就對了，因為故事不僅是人說的，而且，還都是說給人聽的，不管主角是什麼「東西」，寫的全都是人。

但是，一篇故事裡如果只有「人物」這個元素，說起來也挺無聊的。有時候，加入一點道具的輔助，就能讓故事加分不少，在某些故事裡，道具甚至演得比人物還棒呢。這一篇，就來談談故事裡的道具們。

網路上有一部微電影很紅，叫作《記憶的紅氣球》，說的是關於記憶的故事，影片拍得精緻細膩，情節動人，按讚分享率非常高，很快就引起了討論的熱潮。

這是一則真實故事改編的。

五歲的小男孩傑瑞，正在經歷媽媽過世的悲痛，爸爸告訴他說媽媽上了天堂，但傑瑞實在太小，無法理解這樣的失去，他好想見到媽媽，窩進媽媽的懷抱。在一個深夜裡，悲傷無助的傑瑞撥出一通神祕電話，接起電話的是一位即將退休的老警察湯米李，傑瑞把思念母親的傷痛，用五歲小孩的語言告訴警察湯米。湯米是個有愛心的老警察，他要傑瑞把想對媽媽說的話都寫在紙條，綁到紅氣球上，讓氣球飛上天，這樣在天堂的媽咪就會看到了。傑瑞聽話照做，一顆一顆綁著紙條的紅氣球飄上天空，滄桑的背景音樂緩緩響起，容易落淚的人看到這裡，手帕大概要拿出來了。

事情看似圓滿解決，溫馨落幕，沒想到這天，警察湯米又接到了傑瑞的來電。男孩說媽媽根本沒收到他的訊息，他寫了好幾個月的紙條，放送了好幾百顆紅氣球，卻沒收到來自媽媽的任何回覆，男孩傷心落寞。湯米一時不知如何解釋，只好安慰傑瑞，要他繼續努力寫紙條，媽媽一定會有回應的。

傑瑞黯然的答應，紅色氣球持續飄上天際，看起來那麼孤單脆弱。這時，老警察湯米暗地跑到傑瑞的學校，了解他的上課狀況；偷偷買了一個玩具準備送給他，還帶了一大隊的警察和許多紅氣球來拜訪傑瑞，傳遞來自天堂媽媽的訊息。（這時，已經過世的媽媽甚至具體化現身在畫面遠處。）

小男孩演得很淡定，但我想觀眾大概都要噴淚了。電影最後，在一個晴朗的好日子裡，傑瑞輕輕的鬆開手上的線頭，紅氣球緩緩升空，小男孩抬頭望向天堂，臉上帶著微笑。

如何，夠催淚吧？

故事看門道

這微電影裡的小朋友演得很好，老警察演得更好，但是真正有戲的，卻是那些滿載記憶的紅氣球。

紅色氣球在影片裡代表的是老警察對孩子的關懷，是孩子與天堂媽媽的連結，更是孩子內在力量的象徵，支撐他渡過喪母之痛。到了結尾，傑瑞別上最後一張紙條，放手讓氣球飛去，鏡頭透過綠意盎然的樹葉，追著氣球跑了一會兒。這一段出色的運鏡，甚至為紅色氣球這個不會說話、沒有表情的道具帶出了更深一層的內涵——表示傑瑞終於成長，揮別了傷痛，他依然記得媽媽，還是懷念媽媽，但是，他不會再那麼依賴媽媽了，這是記憶的延續、是情感的昇華，更是男孩與母親真正的道別。

最佳演員獎實在應該頒給這顆紅色氣球。

在這個故事裡，若是將紅色氣球這個既能穿針引線，又能帶出繁複意義的「道具」拿掉，改成父親、哥哥、同學，或者一開始就由老警察湯米現身來安慰傑瑞，我想可能都不會有這麼感人的戲劇效果，這就是道具在故事中的作用。

這是為什麼呢？

因為，道具是死的。

故事的道具Ⅱ

沒有臺詞的演員

道具，沒有臺詞，沒有動作表情，卻能含蓄幽微的傳達情感，越是不說，說得越多。

人會跑會跳，會思考也會講話，如果說，故事裡的角色是活的，那麼相對來說，道具就是死的東西。

然而，雖說道具是死的，倒也不是那種……你知道的，除了堆疊故事場景的畫面感之外，毫無其他用處的「東西」。另外，白雪公主繼母的魔鏡、變形金剛大黃蜂、《美女與野獸》那些家僕變成的餐具們，或者前一篇提到的巴斯光年……雖然嚴格說起來都是「東西」，但因為他們太有生命力了，已經算是一個完整的角色，不是我要說明的「那種道具」。

所謂的故事道具，說的當然是出現在故事裡的各種物品或器具，他們通常不會自己活動，也不會講話，最主要的是他們沒有思想，基本上不是活物。但重點是，這些道具可以影響故事情節的進行，對故事中的人物來說，帶有特殊的意義。也許是解決某些事物的關鍵，也許可以連結角色間的情感，能觸動往日回憶，象徵某種長久追求的榮譽，或者甚至，能為主角帶來全新的體悟或啟示。

像是朱自清《背影》裡那堆橘子、歐亨利《珍貴的禮物》裡的玳瑁梳子和金色錶鏈，或者《灰姑娘》遺落的那隻玻璃舞鞋，這些東西在故事裡各有其代表的意義，一動也不動就能引導故事，都是很棒的故事道具。

當故事隨著時間而推移，情節不斷發生，安排得當的道具會慢慢累積存在感，進而產生一種象徵內涵。比如《背影》，當父親千辛萬苦爬過鐵道，只為了幫兒子買來一袋橘子時，那橘子就不再只是橘子，而是隱含著父親的關懷，也是解放文章前半部兩人扭捏姿態的關鍵，甚至可以類比父親釋出父愛時那種樸實顳頇的模樣。這位父親不善表達（當然，兒子也是），所以選擇用橘子這個道具來傳達對兒子的疼愛，然而橘子是死物，也不懂得表達，我們讀者一時還沒有多大領會，直到父親幫兒子放好橘子，下車混入人群中，敘事主角突然領悟了父親的心，也突然感受到分離的巨大悲傷，我們讀者才跟著受到衝擊。文章藉由這堆父親好不容易爬過鐵軌買來的橘子，把許多未說的話都說了。

這就是道具的功用，它不像人，會說會想，很多時候都直接破梗。故事道具是死物，既沒有任何臺詞，也沒有動作表情，但卻能含蓄而幽微的傳達情感內涵，越是不說時反而說得越多，實在太有文學性了，我建議在任何故事裡都可以多加利用。

故事看門道

道具是死的，人腦是活的，要怎麼寫入故事，你可以多加練習。

一、描寫靜物，如茶杯、檯燈、鉛筆盒、襪子、花盆、螺絲起子、手機、項鍊等等，任何物品都可以，最好是隨機取材不要挑。描寫的時候記得把物品的細節寫出來，疤痕、髒汙、褪色、毀損的部位更要注意，那是怎麼發生的、已經多久了、是誰造成的，越仔細越好。

二、為物品構思一段背景小故事，不一定要是那東西真實的遭遇。比如說，想像你的鉛筆盒如果不見了，會流落到哪裡？又會被誰撿到？會被怎麼樣的運用？如果有朝一日重回你手上，你會看到什麼？有什麼不同的感覺？

三、跳蚤市場裡的東西都是有歷史、有故事的，可以常常去逛，看到有興趣的東西就開口詢問賣家：東西是什麼時候買的？在哪裡買的？都被如何使用？又為了什麼要賣掉？（當然，最好是你要買的東西，否則老是光問不買，可能會得罪賣家。）

四、除了白鴿代表和平、玫瑰代表愛情、流水隱喻光陰這種既成的象徵，平日看到物品可以試著做一些有創意的比喻或象徵練習，比如說：眼前的馬路是一條人生的輸送帶、卷積雲的天空像大海、風中的竹子是瑜珈大師、比較抹布與毛巾的不同遭遇等等，可以隨便取樣自由想像，不用太拘束。嘗試用不同的眼光看待日常事物，等到故事需要道具時，一定能像哆啦A夢一樣，拿出好東西來。

故事的時間 I

挑戰時間的故事

時間是故事推進很重要的元素，
沒有時間就沒有故事。

時間是一種很有趣的概念，科學家有科學家理解的方式、企業家有企業家操作的手法，而喜歡說故事的人，對於時間也總是有自己的一套解讀。時間是故事推進很重要的元素，可以說沒有時間就沒有故事，但有些作者會反過來挑戰時間，藉以製造出有趣的情節，這一次，我們就來看看一些關於時間的故事。

聽過《浦島太郎》嗎？

住在漁村的浦島太郎，因為解救了一隻被野孩子欺負的烏龜，得到了海底龍宮一遊的機會。海底龍宮景色秀麗、食物美味，而且還有許多美麗的龍宮仙女相伴，浦島太郎一時流連忘返，多玩了幾天，但過沒多久，浦島太郎思念起家鄉的一切，懇求公主讓他回去，公主眼看無法慰留浦島太郎，便送了他一個寶箱，請烏龜載他回岸上。

告別了烏龜，回到村裡，浦島太郎才發現故鄉已經面目全非，親人都已過世多年，原來他在龍宮逍遙三天的時間，人間已經過了好幾十年，他萬念俱灰但不至絕望，幸好還有公主送他的寶箱。浦島太郎滿懷期待打開寶箱，一陣輕煙彷彿時間撫過，他變成了一個滿頭白髮的老公公。

浦島太郎只經歷了短短三天，人間卻已幾十寒暑，時間飛快流逝再也回不來，雖然是一則童話故事，但結局還真令人悲傷。

另外，有一種情況則剛好相反，明明經歷了好長好複雜的人生，卻發現時間才過了沒多久。

故事是這樣的：唐朝時，有個叫淳于棼的人，一天下午跟朋友喝酒聊天，喝醉了，朋友便將他攙扶到一棵大槐樹底下睡午覺，誰知他才剛閉上眼，就有兩個自稱是槐安國的使者前來，邀請他到槐安國一遊。淳于棼趕緊把衣服整理好，跟著他們走。到了槐安國，淳于棼備受禮遇，不僅和公主結婚成了駙馬，還被國王封為南柯郡的太守，鎮守一方，過著逍遙的日子。二十幾年過去，淳于棼在槐安國的日子時有起伏，其中歷經了兩國交戰、好友病逝、妻子亡故，甚至退出官場等等低潮，最後他抑鬱寡歡，毫無鬥志，只是天天借酒澆愁。槐安國王看他這樣實在痛苦，便派當初那兩位使者護送他回到人間。淳于棼回到人間一睜開眼，發現午後陽光還炙盛，與朋友們吃喝的酒菜都還在桌上，連那兩位朋友都還沒離開呢。他恍恍惚惚的回想睡夢中遭遇的一切，不過才一下午時間，夢裡卻覺得像過了一輩子那麼久，他循著夢裡遭遇，帶領朋友挖開槐樹根部，發現一個螞蟻窩，竟然有城邦建築的模樣，他隱約知曉自己夢中經歷了什麼，一時不勝唏噓。

這故事就是《南柯太守傳》，成語「南柯一夢」便是出自這個典故。

既然說到與時間有關的故事，那就不能不提穿梭時光的經典電影：《回到未來》，這大概算是穿越劇的老祖宗吧。電影總共有三集，故事說的是布朗博士與高中生馬蒂，搭乘時光機在一百多年的時間裡穿梭的冒險故事，兩人一下子從一九八五年回到一九五五年，與馬蒂的父親母親糾葛不清；一下子跑到二〇一五年，見識了二十一世紀初的科技景觀，甚至還跑到一八八五年的美國西部去兜了一圈，為了彌補干涉歷史所造成的影響，兩人在時空縫隙裡忙得滿頭大汗，過程精彩刺激，絕無冷場。

而相較於在時間這張大床上跳來跳去的《回到未來》，日本作家安房直子的童話故事《誰也不知道的時間》，則是安安靜靜的躲在時間縫隙裡的故事。說的是一隻嫌自己命太長的烏龜，用了奇特的魔法，把自己的生命時間送給漁夫良太，讓他每天有比別人多一個小時的時間，並藉以減少烏龜自己的生命。每天有一個小時的時間，這世界會完全靜止不動，任由良太想要做什麼都行，而且，在這一個小時內完成的事物，都能留存下來。良太藉此補了魚網、練習敲打祭典大鼓、還因此邂逅了一個可愛的小女生，這女生跟良太一樣，都存在烏龜的時間夾縫裡。故事到了後來，在祭典來臨時刻，烏龜甚至大放送似的，把自己僅剩的生命時間全都送給了村民，夜晚幾乎沒有盡頭，村民們盡情的跳舞喝酒歡樂慶祝，幾乎把體力榨乾了。當漫長的夜晚終於過去，烏龜也慢慢的停止了呼吸，世界又開始運轉，像是什麼也沒發生過似的。

故事看門道

這些故事，有的讓時間變快、有的讓時間變慢、有的在時間裡跳躍穿梭、有的則是讓時間停止運轉，故事聽起來都創意十足，複雜而怪異，讓人好奇這些作者腦袋裡的記憶體有多少GB，腦洞開了多大！

但我想告訴你，想要寫出這樣的故事其實一點都不難，只要懂得畫線就行。

故事的時間 II

時間與事件連連看

在一個完整的故事裡，時間是一條軸線，故事就是依循著時間先後順序而發生的事。

記得我曾說過，故事就是依循著時間先後順序而發生的事嗎？對了，我還提到這些事情必得要互相有關連。

這樣的理解似乎把時間與事件綁在一起，它們是分不開的，有事件就有時間，時間持續推移，事件也一定會跟著不斷發生。這個概念沒有錯，但因為我們是想要創作故事的人，考量的層面得更有「時間觀念」。

至少要能分清楚，在一個完整的故事裡，時間是一條軸線，而我們敘說的情節會是另一條線，時間線依循的是不斷前進的時間定律，而敘事線標記的則是事件被說出的先後順序，故事基本上就是由這兩條主軸共同構成的。就好像定時炸彈的藍線與紅線，時間線與敘事線單獨存在都沒什麼意義，但只要經過適當的串連組合，就會產生爆炸性的化學效應，而更厲害的是，他們組合的方式，連「千變萬化」都不夠形容。

這個觀念有點複雜，但別怕，我們可以用圖畫的方式來釐清。對時間線與敘事線有了基本的理解之後，只要懂得連連看，一個好故事就呼之欲出了，這個方式也可以幫助你更清楚看到許多繁複故事的時間結構。

接下來，我們就用前面提到的幾個故事類型來簡單說明，你也可以試著做做看。

一、把時間變快的《浦島太郎》

在《浦島太郎》故事裡，人間真正經過的時間是幾十年，但浦島太郎卻覺得只有三天，因此，我們可以畫一條時間線代表三天，另外畫一條敘事線代表這三天經歷的事件，在這條時間線的首尾兩端連出一條長長的圓曲線，這是要代表人世間那幾十年的時間，這樣一來，你很容易就可以理解，這個故事裡兩邊時間刻度的對照關係。如（圖一）

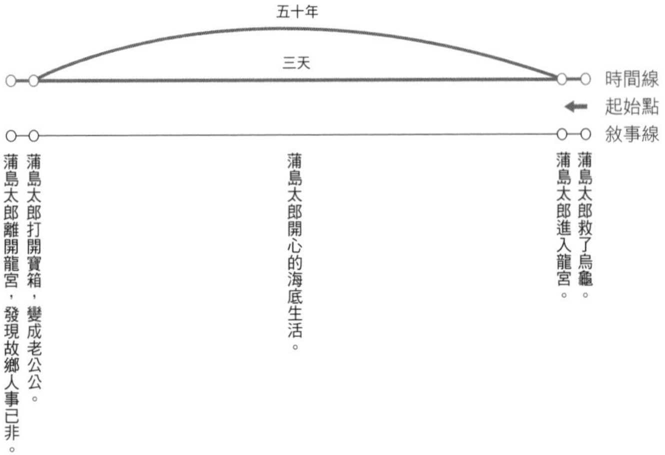
五十年
三天
時間線
起始點
敘事線
蒲島太郎救了烏龜。
蒲島太郎進入龍宮。
蒲島太郎開心的海底生活。
蒲島太郎打開寶箱，變成老公公。
蒲島太郎離開龍宮，發現故鄉人事已非。

（圖一）

二、把時間變慢的《南柯太守傳》

故事主角淳于棼雖然只是睡了一個午覺，卻已經在槐安國經歷了二十幾年的人生，所以我們可以畫一條代表下午的時間線，短短的就好，畢竟只有幾個小時，另外畫一條代表槐安國二十幾年的時間線，這條線可以長一點。然後畫出一條敘事線，這條敘事線應跟那條二十幾年的時間線等長，再把經歷過的事件一一點出，就可以看得很清楚。如（圖二）

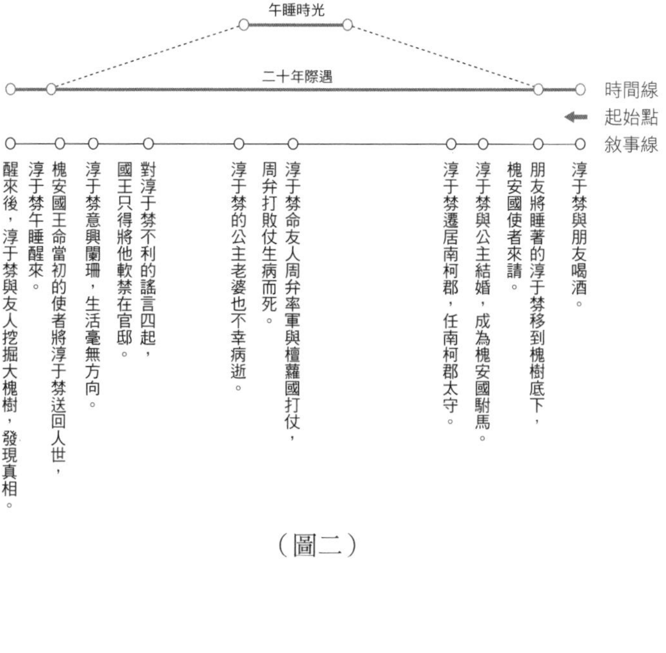
午睡時光
二十年際遇
時間線
起始點
敘事線
淳于棼與朋友喝酒。
朋友將睡著的淳于棼移到槐樹底下，槐安國使者來請。
淳于棼與公主結婚，成為槐安國駙馬。
淳于棼遷居南柯郡，任南柯郡太守。
淳于棼命友人周弁率軍與檀蘿國打仗，周弁打敗仗生病而死。
淳于棼的公主老婆也不幸病逝。
對淳于棼不利的謠言四起，國王只得將他軟禁在官邸。
淳于棼意興闌珊，生活毫無方向。
槐安國王命當初的使者將淳于棼送回人世，淳于棼午睡醒來。
醒來後，淳于棼與友人挖掘大槐樹，發現真相。

（圖二）

三、在時間裡穿梭跳躍的《回到未來》

安排像《回到未來》這樣的故事，難度會大一點，學習理解時間線與敘事線，最主要也是為了釐清這種類型的故事背景。首先，你得畫一條標示出一八八五年到二〇一五年的時間線，接著再畫出一條敘事線，依照電影演出的順序把事件標在敘事線上，（注意，敘事線上標注的事件，是電影演出的先後順序，不是時間的順序，因為在敘事線上是沒有時間的。）然後，我們就可以來連連看了。從圖案裡，你可以發現時間線與敘事線真正的關

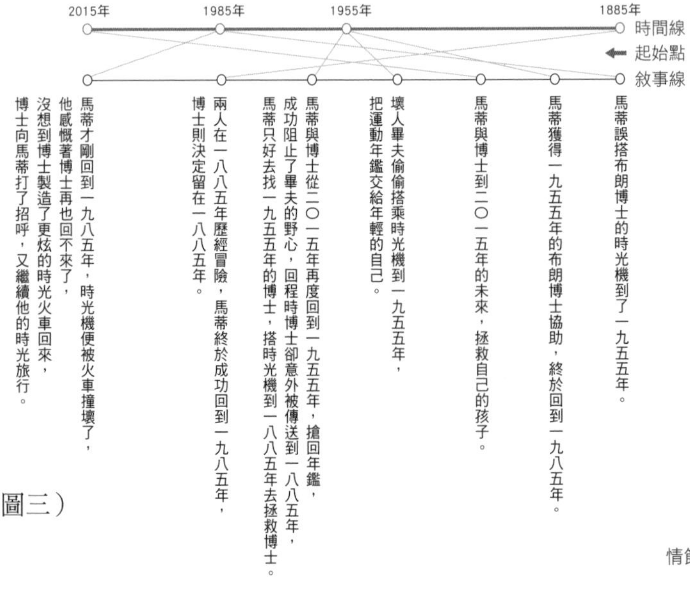

2015年
1985年
1955年
1885年
時間線
起始點
敘事線
馬蒂誤搭布朗博士的時光機到了一九五五年。
馬蒂獲得一九五五年的布朗博士協助，終於回到一九八五年。
馬蒂與博士到二〇一五年的未來，拯救自己的孩子。
壞人畢夫偷偷搭乘時光機到一九五五年，把運動年鑑交給年輕的自己。
馬蒂與博士從二〇一五年再度回到一九五五年，搶回年鑑，成功阻止了畢夫的野心，回程時博士卻意外被傳送到一八八五年，馬蒂只好去找一九五五年的博士，搭時光機到一八八五年去拯救博士。
兩人在一八八五年歷經冒險，馬蒂終於成功回到一九八五年，博士則決定留在一八八五年。
馬蒂才剛回到一九八五年，時光機便被火車撞壞了，他感慨著博士再也回不來了，沒想到博士製造了更炫的時光火車回來，博士向馬蒂打了招呼，又繼續他的時光旅行。

（圖三）

係：故事開始時，並不是時間軸上最早的時間點。如（圖三）

四、讓時間暫停的《誰也不知道的時間》

至於《誰也不知道的時間》這樣的故事就相對簡單，主角良太在一天二十四小時當中，多了一個小時的時間，我們只要畫出一條代表二十四小時的時間線，在每天的二十四小時那一點，畫出一條放大投射線在敘事線上，代表良太每天比別人多出的一小時，那一小時裡他做了哪些事情都可以清楚標示。如（圖四）

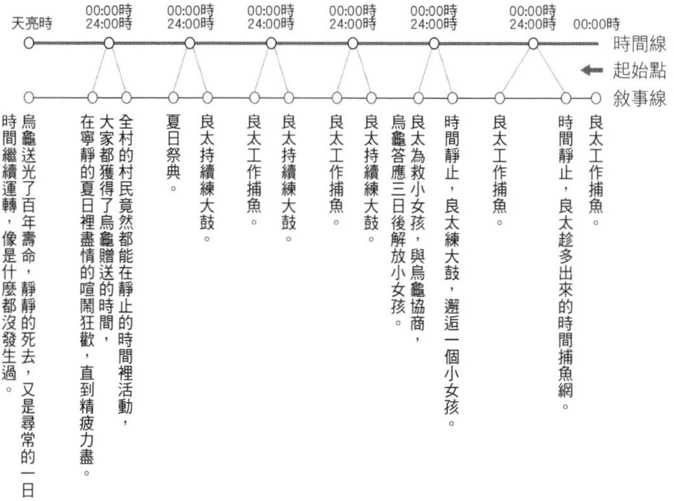
天亮時
00:00時 24:00時
00:00時
時間線
起始點
敘事線
良太工作捕魚。
時間靜止，良太趁多出來的時間捕魚網。
良太工作捕魚。
時間靜止，良太練大鼓，邂逅一個小女孩。
良太為救小女孩，與烏龜協商，烏龜答應三日後解放小女孩。
良太持續練大鼓。
良太工作捕魚。
良太持續練大鼓。
良太工作捕魚。
良太持續練大鼓。
夏日祭典。
全村的村民竟然都能在靜止的時間裡活動，大家都獲得了烏龜贈送的時間，在寧靜的夏日裡盡情的喧鬧狂歡，直到精疲力盡。
烏龜送光了百年壽命，靜靜的死去，又是尋常的一日，時間繼續運轉，像是什麼都沒發生過。

（圖四）

故事看門道

時間線與敘事線這樣的概念並不新鮮，如果你曾經製作過動畫，或者曾經剪接過影片，你就會比較了解我說的意思，事實上，記敘文裡的倒敘、插敘等技巧，就可以這樣畫線來理解。有些厲害的故事，還會同時出現好幾條時間線與敘事線，而且交錯複雜，情節串連得很巧妙呢。

與時間有關的電影、戲劇或小說非常多，都可以拿來做練習。如果有興趣，你也可以來試試看，看看你能在時間的夾縫裡玩出什麼樣新鮮有趣的情節來。

故事的節奏Ⅰ

流水不會只有一種速度

文字敘述控制了故事行進的速度，讓情節快慢有致。

因為工作的關係，我有很多機會說故事給別人聽，看著許多人瞪大眼睛（有時連嘴巴也張得很大），期待你把情節不斷鋪陳，滿足他們聆聽想像的欲望，是很美好的一件事情。但真實情況並不全然美好，有些故事沒那麼好，有些故事則是被說壞了。眼看一則好故事因為採取了不恰當的敘說方式而完全失去它的魔力，這真是最可惜的一件事情。

被說壞的故事有各種不同的面貌，「流水帳」或許會是其中的大宗。如果你的讀者給出這個評語，那就表示你說的故事平淡如流水，沒有激越起伏，或像會計師的帳冊，艱澀難懂又枯燥無趣。聽這樣的人說故事真是難過，既沒重點又不刺激，故事該有的樂趣都不見了，大概只比聽老師訓話好一點。

好吧，用什麼方法可以改善這樣的狀況呢？或許你須要先了解故事的節奏該怎麼安排。前面一篇提到了故事裡的時間，這次，我們就來聊聊和時間也有點關係的敘事節奏。

這世界上被稱為短篇小說之王的作家很多（可能會越來越多），法國作家莫泊桑就是其中之一。他有一篇短篇小說很有名，篇名叫作《項鍊》，情節簡單，文字流暢，故事大意是這樣的。

公務員羅瓦賽爾有一位漂亮太太名叫瑪蒂爾德，羅瓦賽爾深愛瑪蒂爾德，傾盡所能讓她過好日子。幸好公務員收入還算小康，夫妻兩人生活過得簡單平順，瑪蒂爾德衣食無缺，還有傭人可以使喚。但瑪蒂爾德不太知足，總是埋怨嫁得不好，覺得自己該當生在貴族之家，享受奢華生活。

這天，羅瓦賽爾接到一個工作上的餐會邀請，這是一個盛大的宴會，與會的人非富即貴，都是上流社會的人。他喜孜孜回家告知瑪蒂爾德這個消息，瑪蒂爾德雖然高興著終於有露臉的機會，但轉念一想卻又氣又惱，她氣自己老公不爭氣，又煩惱自己根本就沒有任何體面的服飾可以出席盛會。好不容易，說服老公花錢為她買了一套漂亮的禮服，卻又抱怨著沒有相對華麗的首飾搭配，實在美中不足。夫妻倆左想右想，終於想到可以跟一位有錢的好朋友借，那位朋友也夠義氣，二話不說就把首飾擺出來任她挑，瑪蒂爾德挑了一條漂亮的鑽石項鍊，覺得自己的美麗終於得到足夠的烘襯。

宴會當日，瑪蒂爾德果然如願成了目光焦點，大家都對她驚豔不已，她當然度過了虛榮又滿足的一夜，但不幸的是，夜裡要回家的時候，瑪蒂爾德發現胸前的鑽石項鍊竟然不見了。夫妻兩人四處找不著，又不能大肆張揚，無奈之下只好決定偷偷買一條新的還給朋友。到了珠寶店詢問，才知道這條項鍊價值不菲，兩人傾家蕩產硬著頭皮買下，還了朋友項鍊卻背下了鉅額債務，不只無法過想像中的上流社會生活，連原本中產小康的生活也負擔不起了，只能貧窮度日。

時間很快十年過去，兩人省吃儉用，好不容易還了債，有一天，瑪蒂爾德在路上遇見當年借出項鍊那位友人，一樣相見兩樣情，瑪蒂爾德歷盡滄桑，而這位友人依然雍容華貴。劇情在這裡急轉直下，已經無債一身輕的瑪蒂爾德和盤托出當年實情，沒想到這位友人聽瑪蒂爾德講完，一臉驚訝，急說：「那條項鍊是假的，不值幾個錢啊！」

故事就在這裡停止。

故事看門道

如果你只是看我的簡單敘述，心裡大概會想：好吧，是有點創意，但短篇小說之王這個稱號到底是怎麼來的？

因為你不知道，莫泊桑用簡單淺顯的文字敘述，控制了故事行進的速度，讓情節快慢有致，該快的時候簡單明快；該慢的時候細緻緩慢，就像一條河流不會只是靜靜的流著，它有時湍急、有時緩流、可以飛濺出晶亮水花，也能蓄積成懾人深潭。

而著迷於故事文字魅力的我們，只能任憑作者擺布，順著河流而下，欲罷不能。

故事的節奏II

寫一條精彩的河流

所謂的節奏，在說故事的技巧裡其實有很多層次可以討論，但我這裡說的主要是：控制情節推行的疏密與快慢。

讓我們再稍微仔細的看一看《項鍊》這篇小說。

故事開頭的敘述我們略過，直接從羅瓦賽爾先生告知太太瑪蒂爾德，他們即將有個宴會的邀請開始。莫泊桑花了不小的篇幅來描寫兩個人的對話，這裡，故事行進節奏是緩慢的，因為作者要呈現出羅瓦賽爾先生與瑪蒂爾德的人格特質、兩人之間互動的強弱對比，還得讓瑪蒂爾德要到錢買名貴衣服，才能推移到後面首飾的情節。這個夜晚的場景描寫細緻、對話繁複，我們想讀快點都沒辦法，但如果你夠仔細就可以發現，買衣服的對話一結束，才隔了一句話，時間就已經跳過了幾天。

幾天後的晚上，瑪蒂爾德又愁眉苦臉的向老公抱怨著，光有漂亮禮服卻沒有珠寶配飾，簡直是世界上最悲慘的事情，兩人一陣對話後，羅瓦賽爾建議老婆向好朋友——芙萊思潔太太商借飾品，瑪蒂爾德也認為這是個好主意。節奏再快，馬上就到了隔天，瑪蒂爾德到了芙萊思潔家中，這個段落，作者很仔細的描寫了瑪蒂爾德挑選珠寶首飾的神態與心情，節奏又慢了下來。

為什麼？因為這是小說裡重要的部分，除了顯示羅瓦賽爾家的經濟景況並不是這麼優裕，也間接告訴我們瑪蒂爾德對這次出席宴會的期待，若讀者你再敏感一些，或許能意識到小說的衝突或轉折點，就要從這裡開始了。

借了首飾，終於可以參加宴會，但我們可以看見，瑪蒂爾德心心念念，也該是整篇小說裡最奢華的晚宴場景，作者卻只用了簡短的兩段文字便交代結束，篇幅比前面「買衣服」與「借首飾」兩個橋段少得多，敘述的節奏也快得多。

這又是為什麼呢？因為這場宴會跟小說想要呈現的主題無關，它只是被設計來當做情節發動的契機，並不是重點，所以可以讓它節奏快一些。反倒是當天深夜，當瑪蒂爾德發現項鍊不見的時候，聰明的莫泊桑又把說故事的節奏放慢下來，細膩而深刻的描寫起兩人驚慌失措、焦慮頹喪的神態。這才是故事真正的重點，而作者要我們慢下來，細細閱讀，深深思考。

故事大綱前面已經簡述過，我們都知道夫妻兩人最後決定去買一條同樣的項鍊還給好朋友，也因此欠下了難以償還的巨債，只得辭去傭人、搬離居所，努力賺錢還債。瑪蒂爾德從生活無虞的公務員夫人成了一位女工，每天賺得的微薄薪水都得拿去支付那看似永遠也填不滿的債務坑洞，這樣的苦日子，夫妻兩人過了十年。莫泊桑不愧是享譽世界的小說家，如果你稍稍來回比對一下，可以發現瑪蒂爾德經歷十年的窮苦生活與那晚衣香鬢影的奢華宴會，使用的文字篇幅幾乎相等，然而，十年風霜對比一晚的風光，這是多大的諷刺啊！

幾天的時間，就占去了故事大半篇幅，十年的日子卻幾筆帶過，文字間的疏密掌握，就是故事的節奏。該慢的慢，該快的快，文字流水須有取捨，有些地方深邃平緩，有些地方則水花激盪，這樣的河流，欣賞起來才不無聊。

書寫練習室

掌握故事的節奏不簡單，練習不可少，你可以試試這樣做：

一、試著把簡單或短時間裡發生的事說得複雜些，比如日出、雨水滴落或一道閃電，你能花個五百甚至一千字形容嗎？

二、試著把一件非常複雜，或者歷時很長的事情簡單說，比如三年的中學生活、一場精彩球賽，你能用簡單的幾句話形容嗎？

三、寫日記時，別再鉅細靡遺的紀錄，試著每天只寫一件事情，讓自己習慣在一大堆事件中抓到值得敘述的情節，清楚自己想要表達的重點。

四、平常閱讀故事時，別急著被情節帶著走，嘗試找出作者放慢節奏（仔細、深入描寫）與加快節奏（跳躍、精簡描寫）的段落，多多思考，這樣的敘述安排與故事的「主題」有什麼關係（整理故事主題的技巧，詳見〈故事的主題

一、二〉）兩篇。

多閱讀、多練習，你會更清楚如何掌握故事的節奏，每一則故事都能是精彩的河。

故事的盒子 I

小王子的綿羊

與其說是想要一探究竟的好奇心，不如說是人們的想像力。而當想像力開始啟動，西洋鏡裡頭的畫片就會越來越精彩。

讀過《小王子》嗎？

這是一本非常經典的文學作品，故事情節綺想瑰麗，老少咸宜，《小王子》與故事敘述者之間的對話，蘊涵豐富的人生哲理，總是讓人再三低迴品味。在《小王子》故事中，最令人印象深刻的，應該是被馴服的狐狸與驕傲的玫瑰吧，要不然就是故事開頭那條吞食大象的蛇。（大人們總是把它當成帽子，真是太沒想像力了。）

這幾段情節當然都很經典，但是，最讓我忘不了的，卻是那個裝著綿羊的盒子。這樣說故事，真的太有魅力了，我不曾停止想像。

那是故事中小王子剛出現的場景，情節梗概大約是如此：敘述者是個飛行員，在一次飛行中飛機故障了，不得已只好迫降在撒哈拉沙漠，想辦法把飛機修好。在沙漠中過了一夜，隔日早晨，飛行員突然被一個聲音吵醒，睜開眼就看見一個穿著華麗，金髮飄逸的小孩站在眼前。你可以想見，主角在荒無人煙的沙漠裡看見小王子時的害怕，就跟所有人對於未知的恐懼一樣。

聲音來自這孩子，內容是一句話：「請你幫我畫一隻綿羊好嗎？」

飛行員被嚇得不敢拒絕，趕緊拿出紙筆動手畫。可惜他長大後已經不太會畫畫，只好畫了小時候畫過的蛇吞象，但這位小王子不喜歡，他只喜歡綿羊。飛行員勉為其難畫了一隻綿羊，小王子看了看說，這隻綿羊生病了，他不要。飛行員再畫了一隻，小王子笑著說這是山羊，因為頭上有犄角。拗不過小王子，飛行員只好再畫一隻，小王子卻說這隻太老了，他想要一隻可以活很久的綿羊。

這整件事情簡直太荒謬，飛行員被這個無理的要求搞得又氣又煩，便隨意畫了一個盒子，在盒子的其中一面上畫出三個小圈圈，對小王子說：「喏，這是一個盒子，你要的綿羊就在裡面。」

小王子從三個小圓洞探頭往裡頭一看，說「沒錯，這正是我想要的。」

這就是故事中飛行員與小王子的初次邂逅，兩人相遇後展開了許多精彩的對話與經歷，不過那是《小王子》的故事，不是這篇文章的重點。

回到小王子的盒子，想一想，如果你是小王子，你想要一隻綿羊，卻得到這樣一個像裝水果的盒子，你滿意嗎？

如果你不滿意，那麼，為什麼小王子會說「對了，這正是我想要的」？

這就是「想像的魔力」。

在很久以前，照相機跟電視一樣大，電影這個詞甚至還沒幾個人聽過。那時候有這樣一種攤販，他們扛著大大的箱子，遊走到每個村子，找到一個熱鬧的地方，把箱子架好，便敲鑼打鼓的開始吆喝起來，吸引孩子和追求新鮮的人們靠近。

這是俗稱「西洋鏡」的把戲。

商人的箱子上開著一個口，外面覆蓋著密不透光的布簾，得付錢才能掀開簾子去看，箱子裡是一些圖片，燈光照著那些圖片，透過一點暗房打光的效果，有點看私人電影的感覺。裡頭的圖片有些是連貫的故事圖卡，有些就只是美麗的風景、太空想像或美女圖，雖然很炫，但說穿了也沒什麼。

這玩意的賣點在哪裡呢？與其說是想要一探究竟的好奇心，不如說是人們的想像力。

每當有人去問那些付錢看過的人，他們在箱子裡到底看見了什麼？總能得到天馬行空、天花亂墜的形容，讓聽的人覺得，這輩子不掏錢進去看一次，大概要抱憾終生了。

西洋鏡裡的圖片如果畫在牆上，大家隨便就能看到，那肯定沒什麼稀罕，但因為鏡箱裝置看起來就神祕有趣，再加上人們口碑相傳的生動形容，簾子後箱子裡的畫面，就充滿了無限的想像。

故事看門道

就像小王子的盒子。

因為小王子真正要的不是綿羊，他要的是故事背後的想像。

在故事一開始，主角抱怨著大人沒有想像力，但是當他長大，也像其他成人一樣，失去了想像力，直到小王子出現。故事書裡有作者親自畫的插圖，其實畫得很好，讀者一眼就看得出來那是綿羊，不會是其他的，一點想像的空間都沒有。但是，當主角畫出一個盒子，告訴你那裡頭有玄機，這時小王子的想像力被鉤動了，連我們都上鉤了。作者並沒有真的給小王子一隻羊，他只畫出一個箱子，在箱子上開了幾個想像的洞，是我們自己把那隻羊想像出來的。

而當想像力開始啟動，西洋鏡裡頭的畫片就會越來越精彩。

故事的盒子II

要五毛給一塊

也許我們忽略了，好奇的源頭，其實是想像。
如何讓讀者有想像力，則考驗著作者的想像力。

如果你想寫一個引人遐想的好故事，你一定要練就盲人摸象的功夫。

怎麼說呢？

有一個很經典的電視節目單元，叫做「恐怖箱」。節目進行時，製作單位會拿出一個箱子，箱子裡有一個神祕的東西（大多數時候是兔子、青蛙或蛇等小動物），請來賓伸手進去觸摸，然後對主持人說出那是什麼。

箱子有一面是透明的，正對著觀眾，所以我們都知道箱子裡是什麼，只有那位來賓不知道，看著他戰戰兢兢的把手伸進箱子裡的模樣，電視機前面的我們總是笑得半死。

其實箱子裡的東西多半無害，但每個來賓卻都嚇得皮皮挫，真正令他們害怕的，是自己的想像力。

這就像〈盲人摸象〉的故事，摸到大象耳朵的盲人就說像扇子，摸到肚子的就說大象是一個大甕，而摸到尾巴的就說大象跟一條繩子沒兩樣。因為盲人看不見，所以他們只能依靠其他的感官與想像力來認識大象。

恐怖箱遊戲的來賓因為不知道箱子裡有什麼東西，所以還沒把手伸進去，就已經在腦海裡不停的擴張恐怖想像，當他的手碰到箱中物品時，還會依照觸感改變想像的畫面，讓自己更害怕，這個狀況，其實就是我們現在常說的「腦補」。

現實只是一個箱子，但我們的想像可以讓它變得無限大。

回到故事創作來說，很多時候你只要給讀者一句話、一個畫面、一個眼神、一道身影，或者一個箱子，就能讓讀者自行腦補，為你完成故事裡沒寫出來的想像。

寫故事時，我們總希望讀者有強烈的好奇心，願意一步一步讀到故事最後，但也許我們忽略了，其實好奇的源頭，是想像，先有了想像力，才會產生好奇心。如果能引動讀者產生想像，好奇心必然源源不絕。

而如何讓讀者有想像力，則考驗著作者的想像力。

其實，前面提到的小王子就像是一般的讀者，他向主角要了一張綿羊的畫，主角照辦了，結果呢？小王子並不滿意，直到主角發揮想像力，跳出了僵化刻板的思考模式，畫出了那個有洞的盒子。就像買菜送蔥一樣，不只有綿羊，還多送了一個盒子，要五毛給一塊，想像力無限大，小王子這才眉開眼笑的收下。

從這個例子你可以看到，讀者並不是想要標準答案，他們最期待的是帶來想像的故事，其次才是解答。

當然，要勾起讀者的想像力不容易，不只是令人好奇這麼簡單，敘述時必須很有技巧，既要生動鮮明，又要懂得拿捏節制，讓讀者能感受到情節的流暢推進，也能從已知的內容裡想像更多，帶來更多閱讀故事的樂趣。

書寫練習室

想像力不用錢，用得好還能賺錢，但它需要一點練習，這幾個方式你可以試試，不難的。

練習一、恐怖箱：就是前面提到的恐怖箱練習，你可以和朋友合作，閉上眼睛或真的想辦法找來一個箱子，放入一個神祕物品，用觸摸的方式，把這個東西形容出來。不過這個練習不求精準猜中物品，而在於如何適切的表達觸感上的感受。當然，也可以邀請更多人一起參與，聽過你的描述後，各自畫出或寫出他們自己「想像」的樣子，會非常有趣。

練習二、照片想像：找一張你沒看過的照片，最好是一般的生活照（有人物最好），依著你的觀察與想像，形容出照片中的季節、氣溫、場景、各人物間的關係、拍照當下的心情以及背後可能發生的情節。當然，這也不必力求真實，想像力加得越多，與照片主人核對時的落差也許就會越有趣，通常，你會發現自己幾乎在編故事了。

練習三、標題故事：現在的新聞標題都很誇張，有時幾乎文不對題，這是不好的社會現象，不過倒是一個很好的練習媒材。我們可以這樣做：找出一份報紙或雜誌來，在裡頭隨意選擇一個標題（最好是不太熟悉的事件），不要讀內文，直接就用這個標題寫出一則故事來。寫完後再與原報導對照，看看是你有想像力，還是記者。

這些練習不是憑空想像，都是有素材的書寫練習，精確的描繪不是重點，試著把被形容物當成盒子裡的綿羊，你能為你的讀者帶來多大的想像空間呢？

故事的邊界I

想像力不是超能力

想要故事好看有張力，
想像力不能完全自由，需要一點限制。

「想像力是你的超能力。」

這是幾年前一個產品廣告的文案，很激勵人心，也容易朗朗上口，是當時的年度廣告金句之一。

想像力人人愛。從小到大，每到寫作時，師長或父母總會這麼說：「不要怕，發揮你的想像力。」因此，我們總認為，做任何創作的時候，只要把想像力發揮出來就行了。

所以我們就寫不出來了。

為何會寫不出來呢？原因很多，其中之一就是我們太依賴想像力，而忽略了其他同樣重要的力量，比如說，體驗與觀察。

有一個觀念要先理解，「我們無法想像沒有體驗過的事物元素。」這句話換一種說法就是：你的想像就是你的經歷，只是在腦海裡有了不同的變形或組合。所以，想像力基本上就是你生活經驗的延伸，要讓想像力豐富得像宇宙那麼大，自然就得多去體驗這世界，或者多觀察他人的生活，當然，多讀書也行。

這是對想像力的初步瞭解，有想像力很棒，不過想像力並不是寫故事的萬靈丹，一篇好故事，不能只靠超能力來完成。

所有人都說寫作需要想像力，這點原則上沒有錯，沒有想像力，大概就不會有故事的存在，這是故事存在的基礎。但我這裡要告訴你的是，想像力的使用不能像滔滔江水連綿不絕，也不能如黃河氾濫，一發不可收拾。想要故事好看有張力，想像力不能完全自由，需要一點限制。

有時候想像力衝過頭，是會毀了一個故事的。

周星馳有一部賣座電影叫做《食神》，故事講述一位心高氣傲的料理界名人史帝芬周，空有財富與名聲，卻沒有真才實學的料理功夫，他的形象全都是靠廣告包裝的，而且他為人狡猾善變又尖酸刻薄，幾乎沒有知心朋友，唯一稱得上朋友的人，卻是他的死對頭，處心積慮的想要打垮他，獨占市場。這兩個有錢人明著是好朋友，暗地裡卻勾心鬥角，互相陷害，最後史帝芬周的餐飲企業終於被鬥垮，他遠逃到中國大陸避難，因緣際會到了「中國廚藝訓練學院」去學習美食料理。學成之後的史帝芬周，身負絕世廚藝，捲土重來，在新一屆的食神大賽上顯露身手，與死對頭派出的廚師唐牛進行大對決。史帝芬周料理才華比唐牛優秀，眼看就是壓倒性的勝利，沒想到對方竟然買通了比賽所有的裁判，明明技高一籌的史帝芬周，硬生生輸了比賽，再度一無所有。

故事未完，如果是你，會怎麼寫接下去的結局呢？

有人出面叫停？還是，史帝芬周找機會把自己做的美食分給觀眾吃，眾人終於發現真相？或者讓史帝芬周與唐牛大打出手，最後來個邪不勝正？

聽起來都不錯，但讓我告訴你真正的結局。

觀世音菩薩出現了！

沒錯，嚇倒你了吧，比賽現場天花板破開，觀世音菩薩凌空而降，把唐牛肚子打穿一個洞，還把死對頭老闆變成了一隻狗，電影結束。

如果你以前沒看過這部電影，我想你的嘴巴一定張很大，這不僅是情節的彎道，簡直打了個死結。我看到這個結局時，也非常驚訝，雖然周星馳的電影大多是無厘頭的喜劇，但在這部以寫實社會為背景的電影裡，毫無來由的動用一個神仙來收尾，還是讓我覺得太誇張，如果是一場足球賽，這球應該算出界了。

古希臘的舞臺戲劇裡，有一種叫做「機械神」的概念，就是當劇情走得太過極端而難以收拾時，舞臺上面或下面會突然冒出一個力量無比強大，幾乎像神一般的機械裝置（大部分是神的樣貌），把難題一次解決，讓故事圓滿結局。白話一點的解釋就是，「突如其來的神仙解決所有難題，故事結束。」第一個想出這招的人，真的是個天才，想像力爆表，但這招在所有人類說故事的歷史上，應該只能用一次，這樣的想像力太犯規，簡直扼殺了故事的生命力。

故事看門道

故事該有一定的框架，每一個故事都有它自己設定的小宇宙，須在有限的原理與規則裡頭運行，如果故事本身自行突破了這個規則，那麼不管前面的情節多緊湊、多有創意，故事都會像被扎了一個洞的氣球一樣，慢慢洩氣。

想像一下，如果我們打籃球或踢足球時，沒有場地邊線限制，球賽還會那麼精彩好看嗎？

故事的邊界II

拉住脫韁的野馬

想像力如天馬，能把讀者帶到任何地方，但只有節制力，才能把讀者帶回來。

在故事裡，想像力不該是一種無限上綱的超能力，它應該是有所節制的。

想想看，人人都是食神，哦不，人人都有想像力，但為什麼有的人就是能說出很棒的故事，而有人的故事則被稱為天花亂墜、信口胡謅？

在前面提到的電影《食神》例子，為何最後出現的觀世音菩薩會成為故事的敗筆？

最主要的原因有幾個：

第一，故事違反自己一路設定下來的寫實規則，把我們觀眾觀賞電影時的準備心理都攪亂了，我們不知道正在看的是寫實片、科幻片還是神怪片。

第二，觀世音菩薩憑空出現（雖然神仙總是這樣出現），前面的情節毫無交代，這個角色好像是從隔壁攝影棚直接跳進來的，完全與電影情節無關。

第三，導演讓這樣的救援角色出現在結尾，一點都沒有後續的情節可以呼應或營造角色的背景，無法引起觀眾共鳴。（雖然是觀世音菩薩，也是需要好好刻畫形象的。）

第四，觀世音菩薩這個角色一出來，正反雙方的強弱差距就太懸殊了，前面劇情營造的緊張感瞬間消失，雖然表現出了無厘頭的喜感，但卻失去了故事的張力，很可惜。

皮克斯動畫公司幾年前推出一部動畫電影，剛好也是關於料理的，片名叫做《料理鼠王》。故事說的是：著名廚師古斯多因故去世，留下一間「食神餐廳」。一隻通人性又有料理天分的老鼠，與身為名廚古斯多之子卻完全不懂做菜的主角，因緣際會在食神餐廳裡相遇，一人一鼠共同努力，避免父親的餐廳被有心人士掠奪，並且深刻瞭解了「料理非難事」的真諦。

這部電影裡有鬼魂、廚藝高超的老鼠和可以被自己頭髮控制的人，不合理的程度比起《食神》有過之而無不及，但《料理鼠王》卻能全球大賣座，並且廣受好評，為什麼呢？

其中差異就在於，《料理鼠王》遵守了故事規則中的合理性，而《食神》卻犯規超線，使故事的合理性瓦解了。

我一直在說的合理性，不是車子一定不能飛、人不能變透明、世上沒有神仙，或者老鼠不可能做菜這種真實世界的合理性，而是要符合故事自己設定好的條件。不管你的故事是寫實的、科幻的或神怪的，在故事中合理該出現的東西才能出現，如果有不合故事情境邏輯的事物出現了，卻又解釋不通，那就叫做打破規則，於理不合。

《料理鼠王》一開頭便清楚讓我們知道，老鼠小米是個料理天才，他可以看見食神古斯多的魂魄（事後證明了這只是小米的想像），故事進行不久，也讓我們理解了他可以跟人類溝通。定下這幾項規則之後，想像力便在這個限制底下自由發揮，如此，到了後面老鼠大軍湧進廚房做菜那一幕，我們觀眾才能完全進入故事情境中，而不會覺得突兀。電影裡所有的意外都能合理解釋，不是突然出現的機械大神，這是想像力的絕佳發揮，反過來說，也是想像力的適當節制，是說故事的上乘技巧。

書寫練習室

就像前面說的，想像力不難，人人都有，如何讓想像力變成一篇精彩有張力的故事，而不是脫韁野馬，一放出去就拉不回來？這就有點難了，需要有很多的生活經歷與創作經驗來體會，不過有幾個練習我想能幫一點忙。

練習一：想像一個人（或動物），身上多了一個東西。比如說：一對翅膀、多了一雙手或頭上長出一棵樹之類的。接著思考一下，這東西會帶給他什麼樣的遭遇，有什麼好處，又會有什麼缺點？條件是，以我們現實的世界為背景（如：地心引力、空氣、水等限制），想像力會到處亂跑，我們要用個框架把它框住。

練習二：運用心智圖的概念，從一個基礎點放射出去，拉出幾條聯想線，比如說：以「火車」當基礎，做三條心智圖的聯想線（正面或反面，怎麼聯想都行），每條線上大約想出五、六個聯想詞，再以這些詞為基礎，寫一個簡單的故事。故事調性可以自行設定，這裡的條件是，不能使用到另一條聯想線上的事物，縮小故事可以拓展的範圍，在這個限制底下做故事想像，折磨一下你的想像力。

練習三：看小說或電影，看到印象深刻或精彩處時（最好是角色遭遇困難時），試著投入想像：如果自己處在那樣的時空，遇上那樣的困難，會有什麼樣的應對方式，而又會導致怎麼樣的結果。利用別人寫好的故事架構，演練自己想像力的敏銳度，就像是名作家或名導演出題目讓我們練習。

再強調一次，想像力如天馬，能把讀者帶到任何地方，但只有「節制力」，才能把讀者帶回來。

解構故事密碼

故事的堆疊

重要的事不止說三次

重複出現的人物、場景道具或橋段，不僅加強對讀者的暗示，更一層一層堆疊出情節事況的強度與厚度。

讀過《三隻小豬》、《狼來了》、《七隻小羊》的故事嗎？

這些故事都有一個特別的共通點，當然不是你想的那樣，跟野狼完全沒有關係，我要說的是這些故事都有重複堆疊的情節橋段。

童話故事為了娛樂孩子或達到某些教育意義，通常會設計一些情節或對話上的重複，因為預期的閱讀對象是孩子，重複的形式大多簡單有趣，然而效果卻很鮮明，孩子們往往痴迷其中。

先別取笑孩子，事實上，這樣的表現形式並不是童話故事專有，在大人的故事裡也很常見，只是你也許沒發現，有些甚至非常經典。

不僅如此，在音樂、舞蹈乃至視覺藝術，重複的表現形式都被廣泛的運用，真要說起來，重複本身就是一種藝術。

但，不扯那麼遠，回頭來說說故事吧。

看看另一位世界短篇小說之王契訶夫的作品《睏》。

故事大意說的是一位被賣到皮匠家的小女傭瓦爾卡，除了白天要做辛苦的幫傭工作，晚上還要負責把主人家的小嬰兒哄睡，生存條件非常嚴苛。偏偏這嬰兒脾性不好，愛在深夜裡啼哭，而且怎麼哄總是不睡，瓦爾卡白日裡辛苦，到了夜晚還不得休息，身心壓力很大。眼看天又要亮，主人一家醒來，瓦爾卡又得忙碌雜務，一天過一天，瓦爾卡就這樣被反覆折磨，不得解脫。

瓦爾卡生自低貧家庭，父親也是某戶人家的長工，一家生活非常清苦，父親連生病了都請不起醫生診治。

故事裡有一個重複出現的畫面，那是一盞小長明燈投射在天花板的綠斑，以及晾在牆上的衣物暗影所構成的魅幻景象。因為燈火的飄忽搖曳，總引得瓦爾卡支撐不住，墜入夢鄉，夢裡是父親死亡的場景。

綠斑與陰影第一次出現時，作者形容得活靈活現。

神像前面點著一盞綠色的小長明燈；房間裡從這一頭到那一頭綳起一根繩子，上面掛著娃娃的襁褓和又大又黑的褲子。神像前面那盞長明燈在天花板上印下一大塊綠斑，襁褓和褲子在火爐上、在搖籃上、在瓦爾卡身上投下長長的陰影……燈火一閃搖，綠斑和陰影就活了，動起來，好像讓風吹動的一樣。

短短一篇小說，翻譯成中文大約只有三、四千字的篇幅，這樣的場景就出現了七、八次左右，要說它對小說內涵無足輕重，誰都不信。彷彿鐘擺，晃過去又晃過來，每次綠斑與陰影出現，瓦爾卡就想睡覺；綠斑與陰影退去，瓦爾卡就清醒一點，然而疲勞是會不斷累積的，一次又一次綠斑與陰影的出現，讀者都看得出瓦爾卡更加疲累了。

這累，不是百米衝刺的累，也不是馬拉松長跑的累，這是一波又一波浪潮衝擊般的累，是去而復返不斷蠶食身心意志的累，每次綠斑與陰影出現，無論情節走到哪裡，瓦爾卡都更累了。

這樣的說故事技巧，乍看單調呆板，但經由重複出現的人物、場景道具或橋段，不僅加強對讀者的暗示，最重要的是一層一層堆疊出情節事況的強度與厚度，不管那是喜悅、悲傷、恐懼或疲勞，當最後結尾爆發的時候（或轉折出現時），那層疊累積的力道，就會強烈撞擊讀者的心。

故事的結局頗令人悲傷，可憐的瓦爾卡因為受不了睡魔的折磨，終於活活把哭鬧的小嬰兒掐死，躺到地上去，舒舒服服的睡著了。

小說裡形容她「睡得像死人一樣……」

在故事創作裡，設計這樣重複堆疊的情節並不難，甚至於太簡單了，真正難的是，如何能扣住讀者的閱讀感，使重複讀起來不那麼無聊，還能產生鋪陳疊加的效果，最後，在適當的時候轉出故事的核心意義來。

《狼來了》故事裡，當最後野狼出現的時候，任憑牧羊童怎麼哭喊，村民都不願意再上山來救援。為什麼呢？那是因為有牧羊童一次又一次欺騙他們的前因，所以牧羊童之前的欺騙惡整，雖然只是不斷重複的情節，卻有它發生的必要，那就是一點一滴耗盡村民們對牧羊童的信任。

書寫練習室

重複很簡單，重複也不簡單，一起來練習吧。

練習一、至少說三次：在自己的創作故事裡，為一個故事元素（人物、場景或物品）設計至少重複出現三次的橋段，感受每一次重複時故事氛圍的變化，掌握這樣子的表達技巧。例如，另一則經典的謊言故事：

「市場裡有老虎！」有人說。魏惠王不信。

「市場裡有老虎！」又有人說。魏惠王有點動搖。

「市場裡有老虎！」還有人說。這下魏惠王信了。（典出「三人市虎」成語）

練習二、陽春小改款：也可以試試不要讓故事元素完全複製，每次出現時都做出一點小改變，也許至關緊要，也許只是誤導讀者的煙霧彈，都能帶來更多閱讀的樂趣。

例如：孔明七擒七縱孟獲，雖然每次結果相同，但其中過程各有差異，使得這部分情節不至過於呆板，最後也能達到情節目的。

練習三、全新大升級：挑戰大一點，讓已經重複出現的故事元素，突然發生一個強烈變化，帶來故事的大轉折。

例如：他已經跟蹤了那女生一個多月，觀察出她天天都只穿紅色系的衣服。這一天卻看見她穿著一身純白的衣服出門，他疑惑她發生了什麼事。

練習四、換湯不換藥：試著把一個物件或一句話放到不同情境裡去，看看效應如何。例如：

「吃飯了！」父親說著，公園裡奔跑的孩子開心應答。

「吃飯了！」獄卒敲著欄杆吼著，牢房裡此起彼落謾罵。

「吃飯了！」女孩大喊，幾隻野貓從街角鑽出，圍聚上來。

「吃飯了！」妻子輕聲說，躺在病床上的人已經不能回答。

故事的線索

不停揮舞的死人的手

故事得時時保持新鮮，布置線索，經營懸疑感，維持情節的前進動力。

時值隆冬，奧圖親王帶著兒子佛羅恩與史特格瑞斯男爵到森林裡去進行為期一週的狩獵之旅，一行人駕著雪橇浩浩蕩蕩出發。隔天深夜，一架雪橇孤零零的出現在皇宮外，而且，速度飛快的往皇宮大門衝來……

故事遵循時間前進，但情節不會自行發生，它需要動力，才能承載讀者的好奇心飛向遠方。客觀來說，故事已經完成，所有的閱讀都是後來的事，讀者的閱讀或聆聽隨時可以停止，但故事本身卻不能停，它已經發生，而且早就結束，差別只在於能不能讓讀者跟著故事走到最後，讓故事把自己說清楚。

為了讓讀者願意跟上來，故事得時時保持新鮮，布置線索，經營懸疑感，維持情節的前進動力。

你仔細分辨就可以發現，誘發故事情節前進的力量隱約有兩種。一種是推力：作者不斷丟出角色、物件、場景、事件等等，讓人持續讀到趣味，期待新的事物出現，這是讓新鮮感推著讀者走。另一種是拉力：作者留下線索：未完的事、沒回來的人、夜半槍響、一閃而逝的身影，或者，死者不停揮舞的手……以懸疑感引誘讀者一路跟隨。

這兩種手法其實很像，差異微妙，各有趣味，有時也交錯纏雜，讓故事精彩緊湊，而這篇想要討論的，就是「懸疑」。

人天生好奇，懸疑感就是一種心理狀態，那是一股疑惑被懸在半空，不能得到解答，心裡不踏實的感覺。因此我們不喜歡被蒙在鼓裡、不喜歡被吊胃口，非得馬上知道所有事情的答案，否則心裡不能安定。這是人類文明發展一股很大的動力，我們追求宇宙間一切知識；這也是故事賴以維生的關隘竅門，我們都好想知道「後來呢？」所有的故事都該以勾引讀者的懸疑感為大任，之後才能談論其他。

怎麼說呢？來讀讀小說吧。

奇幻小說大師菲力普．普曼有一本短短的小說作品，叫做《發條鐘》，故事很巧妙，作者安排了一位小說家，在故事裡述說另外一個故事。我們文章一開始那段文字，就是這故事的開場，而後續發展是這樣的：

侍衛一擁而上，立刻認出那正是如假包換的奧圖親王本人，他早已氣絕身亡，身體僵硬冰冷，卻兀自睜大雙眼，彷彿瞪視前方，他左手緊緊握著轠繩，握得如此之緊，大夥得砍斷轠繩才能將他脫離，而他的右手卻仍然在動，不停揮舞著馬鞭，一上一下，一上一下。

……

那是一道劃過心臟的傷口，橫貫在親王胸前，傷口草草縫合有十來針左右，御醫拿出剪刀，挑斷縫線，打開傷口，然後，他險些沒被眼前的景象嚇昏過去，因為心臟不見了，取而代之的是一小組發條裝置：僅僅一些齒輪、彈簧、一隻平衡輪，巧妙附著在親王體內的血管上，自顧自地輕快轉動，滴答、滴答，和他手臂上下舞動的節奏配合得天衣無縫。

好奇嗎？短短的開場情節緊扣著一股詭異的氣氛，雖不致於驚悚恐怖，卻令人感到一股寒意，而重要的是，疑點重重。

狩獵隊到底遭遇了什麼事？親王是如何回來的？其他人呢？老練的讀者或許可以猜到親王的狀況，但他到底為什麼變成這樣？卻又勾得我們心癢癢的，不讀出個結果來不肯罷休。

這是怎麼做到的呢？

在故事情節推進中，不斷開展新的事物是基本動作，畢竟故事是從無到有的創作，丟出東西來是唯一的方式，但是真正吸引人的故事並不只是把東西丟出來，作者丟出來的東西得有條釣線，線上得有個鉤子，鉤子上還得懸著餌，這樣，才有機會釣到肥美的讀者。

我比喻中的「釣線」是情節線索，「餌」就是經由線索製造出來的懸疑感，當讀者被誘餌吸引，咬住不放，最後作者只要把釣線一拉，大魚就上鉤了。

若作者設局精巧，這魚就算被重複釣上幾次，都心甘情願。

姜太公釣魚是無為而釣，願者上鉤，我們創作者想要釣讀者，那得施點力，用心打造釣線、釣鉤，好好的布餌。

故事看門道

那麼，這樣一副釣具要怎麼做？其實每個作家都有自己的一套，雖然原理大同小異，但訣竅各有不同，提供幾個方式讓你參考。

一、**推出殘缺不全的新事物：**不管是人、事或物，該是完整的東西缺了少了，就容易引人好奇，故事裡安排這樣的元素，讀者很難拒絕。例：暗夜中一個角色出現，卻隱隱約約看出他少了一隻手，夜風中長袖隨風擺動……

二、**留下擺脫不了的舊事物：**舊物、上了年紀的角色、老房子、似曾相識的景點……有歷史的東西都有回憶，有回憶就有故事，東西搬出來就是一條線索。例：他每晚都夢見那張照片，卻怎麼也記不起是什麼時候拍的……

三、**不要一直懸疑：**懸疑，會緊緊揪住讀者的心，建議一則故事裡不要安排太多啟人疑竇的線索，否則持續處在高張力狀態，讀者容易彈性疲乏。

從另個角度來說，讀者胃口疲乏（被養大）後，創作者就得端出一次比一次美味的餌食來勾引，這次斷手，下次就要斷頭了，故事內壓過度膨脹，早晚會爆，這是損人不利己的行為。

四、玩玩自由落體：遊樂區裡的自由落體設施為什麼會好玩呢？有一個很重要的原因，就是你不知道自己什麼時候會掉下來！那種知道一點端倪，卻沒辦法知道全域的抑制感受，會令人深深著迷。讓讀者知道有人會來，但誰會來？什麼時間來？故事聽完才讓你知道。

五、選擇永遠是好選擇：想一想，在電影裡看過幾次拆炸彈？那種在紅線與藍線間猶豫不決的選擇，加上時間的壓力，吸引目光屢試不爽。所以，提供選擇，永遠是帶來懸疑感最佳的選擇。

說到這裡，最後，在那場狩獵裡到底發生了什麼事？

我只能說，小王子沒死。

故事的陷阱

未結束的鋼琴聲

伏筆，除了引爆情節，也能帶出弦外之音，營造故事深度。

故事情節以懸疑感勾引讀者的眼球往結尾衝刺，但讀者的心卻是雪亮的，他們步步謹慎，試圖在結尾前就洞穿作者的把戲，搶得先機，所以作者便須把重要的事物仔細安藏，別讓讀者太快找到，非得讓他們讀完故事才能發現，或許還得再讀一次。

這個技巧，就是伏筆。

如果說懸疑是明擺著向讀者揮擊的劍，讀者可與之正面交鋒，那伏筆就是深埋地底，附有引線的炸彈陷阱。當故事情節點燃引線，作者必須讓讀者後知後覺，甚至不知不覺，直到炸彈引爆為止，這時讀者往往死得不明不白，非得回頭去看看自己是何時中招，然後心服口服的掩卷大嘆過癮。

有一部法國微電影，片名叫做《調音師》

劇情大概是這樣的：「一位鋼琴師，在一次重要比賽中因為過於緊張而失敗了，他身心崩潰，從此無法再上臺演出，生活大受影響。為了營生，他思路一歪，假扮瞎子當起鋼琴調音師，因為是假盲人的關係，所以他反倒占盡了便宜，還能在墨鏡的掩護底下覷見世間人情百態。

然而，就像牛皮總是越吹越大，假盲人也終於碰上了騎虎難下的窘境。在一次出訪調音的案件，主角竟誤闖進謀殺親夫的凶案現場，腦門被釘槍貫穿的男主人就坐死在沙發上，彷彿假寐。主角應該看不見，不幸他卻看得清楚明白，血腥場面把他嚇個半死，但因為他是個「假的」盲人，不可能知道發生什麼事，只能假裝鎮定的坐在鋼琴前面調音。

而這女主人因為殺人現場被闖入了，對這位「盲人調音師」很是防備，悄無聲息的站到調音師背後，審慎的觀察他。

情勢危急，我們的假盲人主角知道女主人就站在他身後，但卻絲毫不能反應，手足無措，而在鏡頭非常緩慢的移動下，我們看到了女主人的手上拿著東西，是一把釘槍……就在這麼緊繃的氣氛之下，主角調音師兩手突然爬上琴鍵，幽幽的彈奏起來，殺氣騰騰的女主人似乎也沉浸在調音師悅耳的演奏裡，優雅的琴聲就這樣把影片帶入結尾，而調音師生死未卜……」

這部微電影真的把故事說得超棒，伏筆安排得環環相扣，而且層層疊疊，張力破表。導致鋼琴師人生失敗的原因是緊張，但是到了電影結尾，他卻遇上比鋼琴大賽更緊張的鋼琴演奏，攸關生死。而假扮盲人原本是他隱於暗處的優勢，最後卻讓他走到了生死難料的死胡同。各種影響情節發展的伏筆布置得自然流暢，完全看不到操作痕跡，手法高超。

伏筆是個不容易上手的技巧，除了引爆情節以外，也能帶出弦外之音，營造故事深度。在故事書寫上，經營伏筆是指標能力之一，若想躋身創作高手之列，伏筆的掌握更是重點技巧。

比起懸疑的設定，伏筆的安排難度更高，懸疑感總是正面直擊，勾住讀者的好奇心，而伏筆恰恰相反，必須東躲西藏，避過讀者旺盛的好奇心與敏銳的觀察思考，在緊要關頭才能現身。因此，伏筆的經營需要更全面宏觀的書寫視野。

故事看門道

我把伏筆說得這麼炫，該如何經營呢？幾個想法讓你參考。

一、**不動聲色**：既稱伏筆，就是埋伏在暗處的線索，它不是不在，只是藏起來了。伏筆（故事中的角色、場景、事件、道具，甚至幾個關鍵字）當然可以出現，只要別給他多餘的戲分、別讓他說太多話，最好不要吸引人注意，重要時刻再讓他上場即可。這點，《哈利波特》裡的奈威．隆巴頓是很好的示範。（欲知詳情，請詳閱《哈利波特》全書。）

二、**抓錯重點**：除了刻意忽視，有時你也可以誤導你的讀者，利用情節與故事中角色的對話等方式，製造充足（假的）線索，讓讀者以為凶手是張三，最後才恍然大悟凶手是李四，而其中設計，讀者得再讀一次才能領悟。這技巧《哈利波特》也示範過不少次，比如第一集裡的石內卜與奎若，就把我們唬得一愣一愣的。

三、萬中選一：別怕讀者知道伏筆，因為我們讓伏筆多到數不清，有些用；有些不用，讀者根本無從抓重點，就算知道那是個伏筆，也不會知道將在哪裡；如何引爆。比如電影《你的名字》，裡頭既有口嚼酒、又有編織技術、有隕石、也有幸運帶、安放在場景裡的細節、主角名稱的神祕寓意、還有穿越元素的誤導、有電車、有手機，連日落黃昏這個魔幻時刻也來參一咖……關節多到令人眼花撩亂，再有經驗的讀者也得參考攻略本吧。

四、半路殺出：這是不容易的技巧，要在故事進行到高潮時，殺出一個新角色或新事物，一拳擊倒讀者。雖然這樣的安排，寫起來好像沒什麼難度，製造驚奇的效果也很強，但讀者並不是笨蛋，憑空安插的事物若無法解釋得通，是說服不了讀者的。

比如《玩具總動員》第三集，所有玩具掉落焚化爐，眼看就要被焚毀，一切毫無轉機，憑空裡卻落下個大爪子，原來是那三隻綠色外星玩具的傑作，乍看到這裡雖然有點突兀，但細細思量，故事把場景、角色與道具結合得天衣無縫，還能呼應前作，令人讚佩。

五、水落石出：有時候不賣關子不取巧，讓伏筆明顯得像客廳裡的大象，雖然會使讀者少了一點尋找的樂趣，但也能撼動人心。比如魯迅的小說《藥》：華老栓為了治兒子小栓的肺癆病，暗地裡買了顆沾人血的饅頭給兒子吃。那饅頭沾的是夏四奶奶兒子的血，他因為鬧革命被槍斃了。畢竟是荒謬的偏方，不可能有效，小栓終究還是死了。

結尾段落裡，華大媽與那槍斃孩子的家人（應就是夏四奶奶）竟共同出現在墳場掃墓，這場景設計得既諷刺又悲摧，讀者雖隱隱然預知故事大約是這樣的走向，但當結尾浮出，依然心神震盪，尤其是那振翅飛去的烏鴉，引人唏噓。

我猜你還是想知道那部微電影的結尾，那也是個漂亮的伏筆，但依照慣例我不能點破，只能提醒你：要注意聽。

走走停停使用指南

故事時間是會動的，就像旅行中的交通時間，把我們或快或慢的推往下一個景點。

有人說閱讀就像是經歷了一趟心靈的旅程，我認同。若以這個觀點來看，那麼寫作大概就像是在當導遊了，創作者用自己的方式，帶領讀者進入故事裡的壯麗風景與曲折蜿蜒，然後平安歸來。

故事原本虛無，一切都在作者腦海裡發生，而景緻就在筆下，旅遊行程的安排很重要。那麼，怎樣的旅遊方式最好呢？

我的看法是「走走停停」。

在一篇文章裡，文字雖是不停延展，直到終了，但故事裡的情境事件卻是有走有停的，內容的繁簡與文字的多寡並不全然會成正比，端看你作者帶讀者走了多遠，停了多久。

在故事的書寫裡，「敘述」是走，「描寫」就是停。

敘述與描寫，是文章結構中很重要的兩項元素，敘述是陳說事理，而描寫則是刻畫情狀。若故事進行的方式只是不斷的述說事件的來龍去脈，卻不進入場景動作或角色心理去描寫，那整篇故事大概會像一碗白開水煮的麵一樣，吃是吃得飽，滋味肯定是一點都沒有。然而，如果有一則故事從頭到尾不停的描寫細節，毫無事態情節的推動，那又是調味料加太多了，一開始也許感覺氣味濃郁、口感繁複，但很快就會吃膩，甚至反胃。

黃春明是臺灣國寶級作家，他有一篇短篇小說很有趣，題目叫〈打蒼蠅〉（註5）。故事說的是一對老夫妻，變賣了家產資助兒子之後，被安排住在鄉間的房子裡，鎮日無所事事，經濟來源全靠兒子答應過的每月匯款。老太太尚且喜愛到處串門，老先生則百無聊賴，每月以等待兒子掛號寄來的生活費為重心，但這兒子信用不良，生活費時有拖延，老人總坐在屋前等待郵差，養成這打蒼蠅的無聊嗜好。

從三月間大兒子跪地求他，把地契和房契過名給他處理臺北的債務時，他只想不讓兒子去坐牢，至於林炳炎說到應急之後的轉機，他一句也不懂。但是約好每個月的月初，用報值掛號寄六千塊錢回來，做兩老的生活費的事，常有拖延。要不是三個女兒，這個一千，那個兩千的接濟，生活早就發生問題。

小說裡的敘述，從三月間說起，把財產過戶給兒子，兒子拿錢後不聞不問，女兒偶爾接濟等等，事件起承轉合一件一件娓娓道來，交代清楚，讓我們知道老人枯坐屋前的來龍去脈，但並無太多景物或動作的描寫，因為沒必要，這裡是要說事，可以快。

他一邊罵一邊想起來。但是坐太久了，除了打蒼蠅的手還靈活之外，整座脊椎骨都僵住了。他雙手壓著弓起來的膝蓋，把身子往前傾，同時用力撐了幾次，才把身體撐起來。然而非得等一手扶著門，一手伸到背後，用握拳的手背搥著腰骨，慢慢的才好像把彎曲的鐵筋搥直了。等他完全站挺了起來，他卻忘了站起來要做什麼。

而這段活靈活現的文字描寫，則讓我們用特寫鏡頭，看見了老人因肢體退化而艱難遲緩的動作，這時我們聽不見看不到外界的一切事物運轉，連時間都彷彿趨於靜止，只是專注的看著老人吃力站起來的遲暮姿態，並隱隱為他感到揪心的痠痛。

這是描寫，引領讀者停下來細看小說景物。

你可以發現，當作者在做敘述的時候，故事時間是會動的，就好像我們旅行中的交通時間，把我們或快或慢的推往下一個景點，並不停駐，因為敘述的對象是事件，而事件是被時間推著走的。

到了描寫的部分，時間就會變慢，很多時候甚至是停止的，這就像我們終於到了某個景點；或發現了有興趣的事物，特地停下來仔細觀看。這時，文字應是專注入微的，景物狀態的細節都該被看見，讀者便能更被帶入故事的更深處。

所有好的故事，都是敘述與描寫並重的，敘述因為推動事件，所以讓人容易理解情節的大綱架構；而描寫時，因為情節抽離、細節浮現，時間感變慢乃至靜止，讀者可以看得更清楚，獲得比較強烈的畫面感。

敘述與時間這個概念連結緊密，運用倒敘、插敘、補敘等技巧進行，掌握故事行進節奏。描寫則與觀察力息息相關，可深可淺可靜可動，帶出事物細微癥結，呈現內涵厚度。

敘述與描寫穿插交纏，是讓故事疏密有致、濃淡合宜（也就是好看）的兩大要素，運用得當，那可是妙趣無窮。

註5：〈打蒼蠅〉黃春明／聯合文學出版

書寫練習室

★描寫練習：

年節將近，家家戶戶在市集裡採買年貨，一個父母車禍雙亡的窮苦孤兒，蹲在路邊乞討。早上，有個少女走過他眼前，回頭望了他一眼。下午，他連續被兩個人撞倒在地上，其中一個還把他好不容易乞討來的錢偷走了。

當晚，當人群稀落之後，他拖著疲憊又飢餓的身體準備回到平常窩居的小騎樓裡睡覺時，寒夜裡看見一個還未打烊的麵攤，熱湯熱麵的香味引誘著他……

這是一段簡單的情節敘述，請分別以這段敘述，抓取不同的重點來深入描寫（比如特別加強年貨市集的描寫，寒冷的描寫，孤兒長相的描寫，撞倒他那人的描寫，偷他錢那人的描寫，深夜寥落的場景描寫，麵攤老闆的描寫，攤子裡那些吃食的描寫……等等），試試看，不同的描寫是否使文章產生不同的感覺。

★敘述練習：

下午三點。一個老人。在警察局。哈哈大笑。

上面是一組簡單的情節要素組合，請你依照這些條件，構築出一則兩百字的故事，敘述時要邏輯貫通、條理清楚，但不必太琢磨於細節描寫（兩百字也不允許多餘的描寫），只要將事件來龍去脈寫出來即可。

情緒可以製造大風暴

我們常用玻璃心來取笑容易被激怒或表現出脆弱的人，好像顯露出情緒是一種丟臉的事情。人類長於思考、善於覺受，能用語言文字呈現內心的感受，把情緒表達出來，本就是人類的天性，沒有什麼好丟臉的。

但是，「感受」藏在心裡，這個詞很抽象，它長什麼樣子呢？而如果故事是人，我們又要如何知道他內在的感受呢？

這一篇，我們來看看故事的內心。

先舉個例子給你聽：

下午放學，天色昏黃，上了一天課，你疲憊的走出校門口，心神晃蕩，一不小心腳底下就踩到個東西！

你低頭一看，竟是一張千元大鈔，頓時你的疲勞全部消失，馬路上車子裡的駕駛看起來都喜孜孜的朝著你笑；微風吹過，路邊的樹嘩啦嘩啦的搖晃，彷彿在為你歡呼；遠遠看去，天邊紅豔豔的夕陽，映照著雲朵都綻放絢爛的霞光，色彩斑斕，彷彿天空也燃放著慶祝煙火。

再換一個狀況：

同樣是放學時刻，天色昏黃視線不佳，你上了一天課身心俱疲，意興闌珊的走出校門口，一不小心又踩到個東西！這時你腳底觸感怪怪的，低頭一看，竟是一坨狗屎，透過鞋底還傳來微溫，顯然是剛剛才被製造出來，正新鮮。你頭皮發炸，瞪大眼睛看著馬路上的車子橫衝直撞，司機一個一個窮凶惡極，簡直是玩命；微風吹過，路邊的樹枝樹葉嘩啦嘩啦搖晃，聽起來就像在取笑你；遠方，天際線上紅豔豔的夕陽映照著雲朵，你看著看著，感覺人生就要走到了盡頭。

這是在表達什麼呢？

沒錯，就是感受，這兩段文章利用景物來表達主角的感受，把角色的內在情緒表現到外在情境。

《冰雪奇緣》是迪士尼的賣座動畫電影，故事述說天生帶有魔法體質的艾莎與妹妹安娜感情很好，艾莎的魔法有種特質，會隨著情緒釋放。在一次意外中，艾莎的冰雪魔法給妹妹帶來了巨大的傷害，從此她恐懼與人接觸，不敢輕易釋放情緒，姊妹倆也被善意隔離，直到長大。

長大後姊姊艾莎即將繼位成為女王，卻因冰雪魔法被發現而造成群眾恐慌，長年壓抑情緒的艾莎終於大爆發，讓整個王國陷入冰天雪地中，隨即出走皇宮，獨自一人躲到山上生活，遠離情緒帶來的紛擾。而妹妹安娜這時卻被暗藏心機的鄰國王子漢斯迷惑，即將與其論及婚嫁，讓出王國的統治權。

艾莎的出走以及國家被冰封，讓安娜擱下婚事，獨自上山去找姊姊，然而小時候被姊姊冰雪魔法所傷的病徵卻逐漸顯露出來，安娜將要失去生命活力，幸好有好心人阿克幫忙，眼看風雪日趨嚴重，時間非常緊迫。

故事結尾場景是冰凍湖面上的一場超級大風雪，幾乎伸手不見五指。冰天雪地之中，艾莎與安娜兩姊妹近在咫尺卻無法看到彼此，而艾莎身後還有漢斯虎視眈眈要殺了她，以奪取王位。

這時觀眾緊張得屁股都快離開椅子，但兩姊妹就是無法碰觸彼此，艾莎心越亂，風雪越大。這時，狡詐的漢斯對艾莎謊稱妹妹安娜已經死於她的冰雪魔法，艾莎聽見心愛的妹妹噩耗，心一涼腿一軟，跌坐雪地，漫天風雪隨著艾莎的悲傷而瞬間靜止，就像沒發生過。漢斯趁著艾莎傷心失落，在她身後舉劍就要砍下去。風雪歇止，視線清明之下，已經快要冰凍而死的安娜眼看姊姊就要被殺，奮不顧身衝上前去阻擋。就在那瞬間，生命力耗盡的安娜全身結凍，漢斯砍下的劍撞擊已經冰凍的安娜，反而像玻璃般碎去。艾莎回頭看見真相，為時太晚，妹妹已經變成一具冰凍的雕像，她悲傷莫名，緊緊擁抱幾年來未曾碰觸的親妹妹，氣氛一度感傷。

神奇的事總能在童話故事裡發生，因為犧牲是真愛的表現，身中冰凍魔法的安娜竟然慢慢恢復氣色，活了回來。這時艾莎也才終於發現，控制冰雪的方法原來不是生氣，不是恐懼，更不是逃避，而是愛。

電影結尾場面浩大不只是噱頭，導演的用意是，把冰雪女王艾莎的內在情緒「具體化」，這恰好也是故事的主旨之一，愛能融化冰雪（恐懼與憤怒）。

把故事角色內心那種抽象的感受，用具體的場景、道具或現象呈現出來，是很好用的人物塑造技巧，而最常見的方式便是把心情反映在景物或氣候上。

艾莎製造的風暴，除了顯示她內心的紊亂感受之外，也有暗喻姊妹倆心結的意思，等到艾莎聽聞妹妹死訊，那糾結的情緒失去了對象，風雪也就自然停止。

所以，有時玻璃心不是壞事，適時表達情緒，才讓姊妹倆更瞭解彼此。

書寫練習室

如果從人物塑造的概念擴大來思考，一個有文學性的故事通常也是有內有外的，表面生動刺激的情節吸引目光，內在則是故事真正想要表達的概念，藉以引發感觸與思考，內在與表面是連動的，相輔且相成，才能構築出精彩而有深度的故事。冰雪奇緣結尾那場風雪的狂暴與止息，清楚的表達了這一點，是很好的示範。以下有幾個角色情緒的書寫練習：

一、紀錄他人情緒表達：當你是個創作者，瞭解自己與理解他人是基本功課。人類有哪些情緒？遇到這些情緒時人們又會如何反應？悲傷時怎麼表達？而開心時會想做什麼事？認識情緒，可以讓你的書寫更人性化。

二、將內在感受具體化：試著將情緒比擬出來，比如：生氣是冷或熱？什麼顏色？是動物？男生女生？固體或液體？杯子、車子或是一陣雨？適當應用在故事文章裡，就是漂亮的意象。

三、不要直接說感受：練習寫一段文章，不要說出主角內心情緒，比如，恐懼時別直接說恐懼，試著寫出別的東西來表示，像是把水灑地上、呼吸急促、眼神東張西望卻不敢看向某處、握著茶杯的手心冒汗、天空晴朗得出奇、嗡嗡嗡的細微怪聲、狂風暴雨等等……

不只是一種酷炫的包裝

角色、情節、道具、場景等元素，是故事的外表，是讓嚴肅的主題變好看的酷炫包裝。

我曾說過，故事要有主題，沒有主題的故事就像是碎碎念，很難引起閱讀興趣，而且不容易被讀者記得。那麼，當我們有了主題，就能寫出一則好故事了嗎？

當然不是如此，這時還需要一點點的包裝。

看過《大英雄天團》嗎？你喜歡氣球般柔軟的白色療癒杯麵，或是穿上鋼鐵盔甲的紅色戰鬥杯麵？

讓我們先來重溫一下故事吧。

阿正是某大學頂尖研究生，他創造出了全方位醫療用機器人——內建人工智慧的「杯麵」。阿正有個弟弟阿廣，年僅十四歲，卻是個不世出的科技天才，比起鋼鐵人東尼史塔克有過之而無不及。阿廣因為發明出一種可以無限鏈接組合的多功能微型機器人，遭到有心人士覬覦，在學校裡陰謀引動了一場火災意外。混亂之中阿廣幸運逃出，但哥哥阿正卻不幸喪生火場了。阿廣與哥哥感情篤實，自然悲痛難抑，幸好有杯麵與哥哥幾位同學的安慰，才慢慢的走出傷痛憂鬱。

事過不久，阿廣在無意之中發現了哥哥的死竟是一場陰謀，他報仇心切，發揮天分為杯麵製造了盔甲和武器，還修改它的程式，寫入戰鬥模式，再加上那幾位同學的幫助，最後終於抓到始作俑者，然而阿廣被仇恨蒙蔽了心，竟想當場殺了壞人，幸好夥伴們阻止，壞人才撿回一命，並趁隙逃之夭夭。

憤怒的阿廣本來還想追殺而去，這時杯麵內建的善良程式阻止了他，並且自動播放起哥哥阿正生前留下的紀錄影片。畫面裡是阿正研發並製造杯麵的過程錄影，阿廣在影片中看見哥哥對科學研究的狂熱與期望，內心深受震憾，並且有所體悟，此時他瘋狂的復仇心態終於慢慢和緩，轉為深刻的悲傷，淚水自然從臉龐滑落，這部動畫故事說得好，情節走到這裡，真是催人熱淚。

阿廣終於可以體會哥哥的用心，知道杯麵被創造出來的真正用意，它並不是要來傷害生命的，而是為了要延續生命，使生命意義昇華。

經過這一場衝突，杯麵代替了哥哥的形象，阿廣的傷心失落有了溫柔的承接，思緒不再無所適從。最後，為了阻止壞人，阿廣與幾位朋友齊心合力、大展身手，身負鋼鐵盔甲的杯麵也有了更正向的用途，那結局如何我就不透漏了。

看過故事大綱，你能感受到白色充氣杯麵和紅色鋼鐵杯麵在內涵上的差異嗎？

白色杯麵是哥哥阿正畢生的心血，它代表著以溫和柔軟的方式，為人類帶來更健康舒適的生活。哥哥肉體雖然死亡消逝，但精神不滅，化成杯麵（的記憶體），延續哥哥的救世理念，然而阿廣畢竟年輕，無法承受心愛的人無端死去，讓憤怒與恨意蒙蔽了心眼，一時不能領會哥哥的初心。

為了替哥哥報仇，阿廣將溫柔可愛的杯麵改裝成一具無堅不摧的殺人機器。這樣做，完全違反了阿正想要廣救世人的心意，紅色與白色在這裡變成了兩種觀點的對比，紅色熱情洋溢的同時也代表著瘋狂好鬥；白色則是積極單純又溫和善良，兩個顏色既能代表阿正與阿廣兄弟之間微妙的性格差異，換個角度看也能代表阿廣在心境上的兩種轉折，情節設計得非常巧妙。

而當杯麵播放影片並說出：「阿正在這裡！」之後，整個故事的主題就被提煉出來了。

整理一下，這個故事為我們提供了兩種面對世界紛亂的思考脈絡：白色杯麵式溫暖拯救人心的方向，以及紅色鋼鐵杯麵強硬的戰鬥方式。

想想，哪個是故事真正想要表達的主題呢？

或許你可以先回頭想想這篇文章的開頭。

在阿廣的成長故事裡，白色杯麵代表著一層寓意，紅色杯麵則是它的外殼，喻示著另一層含意，而若我們願意更深一層去思考，在白色杯麵裡頭還有一層內涵，那便是儲存它意識與功能的電腦晶片，其本質就是阿正的淑世情懷，也是阿正曾經存在以及永遠存在的位置。

所以，是的沒錯，包覆在裡面的是主題，紅色盔甲則是這個主題的包裝，是讓故事更有衝突、更精彩的外殼。

這個故事其實是一則「反暴力」的啟示。

到了結尾，鋼鐵杯麵用他的強大武力，做出令人感動的拯救行為，更清楚的說明這點。阿廣製造的紅色戰鬥盔甲與哥哥發明的白色醫護機器人，至此終於真正的合為一體，昇華成更有層次的大英雄天團——為拯救生命而戰。

故事看門道

主題是故事的骨幹，沒有了主題，故事就垮掉了，而角色、情節、道具、場景等元素，則是故事的外表，是讓嚴肅主題變好看的酷炫包裝。

那麼，要怎麼把主題套進包裝裡？有幾個步驟，邀請你試試。

一、**想好故事主題**：你想寫的是愛情故事、親情故事、偵探故事或純愛故事，如果是愛情故事，你想寫的又是怎樣的愛情故事呢？悲傷的愛情故事？圓滿的愛情故事？黃昏之戀？世仇之家的愛情故事？

想一想，試著用一句話來呈現這個主題，這很簡單，不會比直接寫一個故事還難，但很重要。（可參考〈故事的主題〉）

二、**加上幾個零件**：隨便想幾個角色、場景、物件……這時不必擔心出場順序，不要擔心後續用不用得上，就讓腦袋激盪一下，隨心所欲的丟出東西來吧。

三、隨便想個開頭（可參考〈故事的開頭〉）：慢慢的把剛才隨便亂想的角色、場景、物件……等元素用上來，情節可以隨便接，只要稍微注意不要太偏離之前設定的主題就行。

四、仔細修整情節：開始動手來修改剛剛天馬行空寫出來的作品吧，把它修整得更有起伏、更有衝突，讓各項元素（外殼）更能包覆主題內涵，若還能稍微兼顧「起承轉合」的故事結構，那就更好了。

當然，上述只是一種幫助你把主題構想做一點簡單包裝的方法，若想書寫更精緻繁複的故事，還是要經過一番大修特修的，不過，至少你已經把故事打包得有模有樣了，不是嗎？

——各界好評推薦——

「因為」創作訣竅，各門派自有其祖不傳祕方；「所以」謝文賢(貓印子)大方分享，想必有驚人真相。快打開揭曉。

——**王淑芬**／童書作家

讀著這本書就像親耳聽見謝文賢(貓印子)的寫作引導，他一邊說著各種故事，一邊像哆啦A夢掏出寫作法寶，讓我們彷彿插上了竹蜻蜓，優游在創作的奇想世界。

——**王雅雯**／長億高中圖書館主任

這本書將故事的概念與趣味，說得簡單通透，並教導如何寫，難能可貴。

——**甘耀明**／小說家

航向故事的大海，本書就是你的北極星，不只掌握方向，還能將群星連成自己獨創的星座。是我今年最期待的故事寫作書！

——李洛克／故事革命創辦人

懂得看門道的，來看謝文賢（貓印子）怎麼拆解故事，此書寫得十分細緻，不只開頭、轉折、收尾，甚至於情感面刻畫，以及細節的掌握，都有獨到之處，我想看完每個人都會寫故事了。

——李崇樹／快雪時晴創意作文班主任

引導故事書寫的門道，學會將故事說好的一本書，值得青年學生、文學愛好以及初學創作者閱讀。

——呂興忠／國立彰化高中圖書館主任

文賢老師提燈照路，帶我們欣賞萬紫千紅的故事花園。讀完這本書，相信你也能提筆盛開出自己獨特美麗的花朵來。

——**周玟慧**／東海大學中文系教授兼系主任

寫作沒有捷徑，閱讀並不容易，作者以十分「親民」的文字講解寫作閱讀的大道理，於是我也知道故事的因為所以了。

——**林黛嫚**／作家、大學教授

原來故事是這樣的！故事要好聽好讀，一定要有層次。第一層，談「事情」，事件和情節。第二層，談「情感」，情緒和感覺。第三層，談「內涵」，人性和意義。故事有許多手法，「內容與形式」、「時間與場景」、「對話與聯想」等等，謝文賢(貓印子)在這本書裡細說明白。

——**凌健**／臺灣公益CEO協會理事長

所以你不相信這世界真的存在故事大神嗎？因為你總在有故事或沒故事的路上徘徊，卻忘記打開《因為所以有故事》為你指路。

——**凌明玉**／作家

懂得拆解故事、創造驚奇的祕密，你也可以成為快樂說書人。

——**唐毓麗**／高師大國文系副教授

前往故事的路上，我們需要一張地圖，像這本書裡的標示與光，教我們說一個好故事，也讓故事說話。

——**高知遠**／南華大學臺灣文學研究中心主任

能進到讀者心裡的故事，是什麼模樣？本書透過好聽好讀故事的創作路徑，觸動寫作心靈，進入故事魔力的世界。

——**張至寧**／國語日報社中學生報主編

這本書是故事的入口，我們跟著謝文賢(貓印子)一探奧妙，直到變成故事的一部分。

——**張佳詩**／小學生到大學生都喜愛的寫作老師

擋不住的創作之神！帶你走過故事裡關於愛情、懸疑、江湖和其他說不清的永恆謎題。謝文賢(貓印子)將寫作的技藝編織在篇章裡，以溫柔、有彈性的口吻娓娓道來，展現出對故事的終極理解。

——**張詩亞**／創意寫作教育工作者

貓印子老師是曾經一起到南投、雲林推廣閱讀活動的老師，他的故事總是讓人聚精會神、充滿期待，甚至讓小朋友捨不得下課！到底是什麼樣的魔力？看了這本書就知道答案！

——**許慧琪**／明道文教基金會執行長

擁有好故事的陪伴是幸福的。還有一種幸福，則是文賢細細爬梳故事的好從何而來，並親切、輕盈的將創造的妙方遞至我們手中。

——**許亞歷**／作家、兒童文學藝術教育工作者

想要把故事說得更好的人，快來看看如何善用「很久很久以前」、「從此以後」的老梗，就能說出引人入勝的故事。

——**雪倫**／雪倫情報局、千萬人氣部落客

好的老師要能「不以自身有限的人生經驗，去框限學生無限的發展可能」。文賢兄的寫作教學，不僅啟發了學生文字說故事的能力，也開展了對人生與世界的探索視野。

——**陳銘顯**／部落客水星人

認識貓老師，是兩年前秋天晚上的寫作課，冷靜又不失溫情的貓老師，說了一個又一個的故事滋養年輕學子的心，既療癒又冒險。貓老師的新作《因為所以有故事》以淺顯易懂的方式，展現作者豐富的學識與教學熱忱，內容涵括構成故事的重要元素、寫作手法，並且引用經典作品加以說明，更提供實作練習，以及成為專業讀者的密技。這，又是貓老師冷靜且溫情的一貫風格。

——**黃凱琳**／明道中學國際部中文教師

如此豐富的，這本書引導我們踏上故事那充滿懸宕、夢幻、令人驚嘆的旅程，於是引導你，成為說故事的人。

——**楊書軒**／作家

想寫故事的人，照過來，這裡的內容，很精彩。跟著學習，智慧開，左寫右寫，充滿愛。寫作的樂趣，真開懷，看過此書的人，有新裁。

——**楊淳斐**／臺中科技大學通識教育中心助理教授

會講故事的能力，是孩子帶得走的優勢。而文賢老師以溫柔的筆觸步步引導，非強勢的規範，得讓我們一窺寫作班的孩子那麼愛他的原因。

——**楊雅雯**／教學卓越獎得主、溪湖高中教師

聽膩了很久以前、從此以後的故事，你應該來尋找貓的印子。他教的對話，只因多一拍或少一拍，時間便有了魔法！

——**蔡淇華**／作家、惠文高中圖書館主任

學故事，你需要的從來不是天分，而是方法。貓印子的《因為所以有故事》，帶你先看懂故事的機關，再教你怎麼創造故事。我只能說，若沒讀過這本書，你虧大了！

——**歐陽立中**／Super教師、暢銷作家

國家圖書館出版品預行編目資料

因為所以有故事 / 謝文賢文.
-- 初版. -- 臺北市 : 幼獅, 2020.09
面 ; 公分. -- (散文館)

ISBN 978-986-449-201-5(平裝)
1.漢語教學 2.作文 3.寫作法 4.中小學教育

523.313 109010194

· 散文館042 ·

因為所以有故事

作　　者＝謝文賢
出 版 者＝幼獅文化事業股份有限公司
發 行 人＝李鍾桂
總 經 理＝王華金
總 編 輯＝林碧琪
主　　編＝韓桂蘭
編　　輯＝陳韻如
美術編輯＝李祥銘
總 公 司＝(10045)臺北市重慶南路1段66-1號3樓
電　　話＝(02)2311-2832
傳　　真＝(02)2311-5368
郵政劃撥＝00033368

印　刷＝崇寶彩藝印刷股份有限公司
定　價＝280元
港　幣＝93元
初　版＝2020.09
書　號＝986293

幼獅樂讀網
http://www.youth.com.tw
幼獅購物網
http://shopping.youth.com.tw
e-mail:customer@youth.com.tw

行政院新聞局核准登記證局版臺業字第0143號